JN200131

元気な
健康職場づくりヒント集

—安全で，健康な会社をつくるために—

久宗周二 ［著］

創成社

はじめに

健康経営

　人は誰でも安全で健康な職場で働きたいです。安全と健康が守られてこそ，健全な会社が成り立ちます。

　それはどんな仕事でも，大きな会社でも，小さな会社でも共通の願いです。

　しかし，中小企業や一次産業の職場では，資金がない，機会がない，時間がないなどの理由でおろそかになってしまうこともあります。

　自分たちでできることから実施する，参加型改善活動は ILO（国際労働機関）が進める安全活動の1つです。船内向け自主改善活動（WIB）は，それを船内向けに応用したもので，フェリーや貨物船，漁船で効果を上げており，国土交通省や水産庁も進めています。

　それに加えて，WIB 方式労働安全衛生マネジメントシステムで，組織全体で安全な職場を形成していきます。

　さらに，自主改善をもとに健康的な職場づくりも進めています。

　その考え方は船に特化したものではなく，いろいろな産業に応用されつつあります。

　この本をご覧いただければ，それらの考え方がわかるようになっています。ぜひ実施して，安全で健康的な職場の構築をしてください。

平成 31 年 4 月　吉日

久宗周二

プロローグ

会社が変わる

　会社を経営する人はもちろんのこと，会社で働く人は誰でも，安全でストレスのない職場を求めています。

　しかし，それを実現しようとすると，どうやって良いかわからないし，実現は難しいと考えがちです。

　勉強の仕方がわからない，勉強する時間もない，自分だけ勉強しても周りがついてこない，お金がないなど，ついできそうもないと感じてしまいます。本当にそうでしょうか？

　陸上より労働災害の多い船舶で，簡単なツールを使って，全員参加で継続的に改善を実施して成果を上げている会社があります。それは船内向け自主改善活動（WIB）を導入したからです。

　広島県の土石運搬船会社（6隻配乗）の会長は，WIB導入の成果を以下のように述べています。

　「以前は，現場を回り細かいことまで注意していた。社員に恐れられていたが，それが社長の役割と考えていた。

　WIBを導入して，少しずつ現場で改善することが定着してきた。2年目には全社で160件の改善が出された。

　現在も，船員が自主的な改善を進めている。従来は専門業者に任せていた作業も，自分たちでするようになった。私自身は息子に社長を譲り会長になったが，現場の船員たちに，今までの経験を認めてもらい，各船からアドバイスに来てくれと声をかけられている。船員が自ら求めているので，いろいろな技術が伝承されている。大変ありがたいことだと思っている。」

　また，島根県のフェリー・旅客船会社社長も以下のように述べています。

「以前は，船員の講習会への派遣を最低限にしていた。社長が代わり，業務命令で WIB の講習会にほぼ全員の船員が参加したところ内容がわかりやすく進め方も簡単で，認証を受けた。

社員の意識も変わり，良い事でも悪い事でも積極的に報告が上がる。地元の会合に出ても，会社の雰囲気が良くなったと評判であった。WIB は安全な労働環境を形成するので，船員と話し合いを持つ良い機会になった。今後も継続して実施をしていきたい。」

その会社の事務担当者は「とにかく，WIB は内容がわかりやすく進め方も簡単。現在でも安全対策は WIB を中心に実施している。」と述べ，船長は「WIB を導入して，船員の皆さんからもいろいろな意見が出てきた。改善の進め方シートを使うとわかりやすく，簡単である。」，船員も「わかりやすく，スムーズに改善まで進められる。成果も明確になるので，継続的に活動していく。」と好評です。

では，その船内向け自主改善活動（WIB）とは，何でしょうか。この本は，そのすべてを紹介するとともに，今日からでも活用できるツールも載っています。

船内向け自主改善活動（WIB）を理解して，あなたの会社もぜひ安全でストレスのない職場を実現してください。

目　　次

第4章　よい改善写真事例集 ——————— 68

第5章　みんなが健康に働ける職場づくり ————— 83

第6章　WIB 方式船内労働安全衛生マネジメントシステム ——————— 94

第7章　自主改善活動・船内労働安全衛生システム 導入の成功事例 ——————— 102

第 1 章

船内向け自主改善活動（WIB）の特徴

1.1　リスク（危険）管理の考え方

安全は金食い虫？

　単純に考えると，「安全」にお金をかけても，急に売上が上がることはありません。それどころか，費用がかかった分，コストの増大にもつながります。しかし，儲からないからと言って，安全に対して配慮をしなくて良いのでしょうか。もし，事故や労働災害が発生すると，現場検証などで仕事ができなくなります。事故の補償や再発防止策で，安全対策をするよりも多額の費用が発生するかもしれません。また，事故が報道されると，会社としての信用を落とします。顧客の減少，販売機会の喪失，売上，給料の減少や未払いなど，最悪の場合は経営できなくなることがあります。特に中小企業では，大きな事故や労働災害によって，会社が破産したり，清算する事例も数多くあります。

　例えば，群馬県藤岡市，長野県軽井沢町での事故により，貸切バス全体の信用が損なわれました。

　トラックでは，2008 年 8 月 3 日に東京都内の首都高速道路でタンクローリーが横転・炎上しました。幸い死亡事故にはなりませんでしたが，火災の熱で橋脚の強度が落ちたために，長期間，道路を止めて橋を掛けなおしました。損害賠償を求める裁判では，2016 年 7 月 14 日に会社・運転者に対して 32 億円の賠償命令が出ました。群馬県の運送会社は，ピーク時には 46 台のトラックを所有，売上 2 億円を上げていましたが，破産をしました。

　旅客船では，2011年8月17日，静岡県浜松市天竜川で，乗客21人と船頭2人が乗った川下り船が岩壁に衝突して転覆して，乗客4人と船頭1人が死亡しました。この会社は，2012年3月末で40年続いた川下り事業を廃止しました。

　漁業でも海難などの事故が原因で，廃業をした例が数多くあります。

　安全対策をすることで，会社の継続的な発展ができます。持続的な安全対策をするうえで，労働安全衛生マネジメントは有効です。

　次に，昔話を例にして，リスク（危険）を低減させる方法を考えてみましょう。

　「うさぎとカメ」では，うさぎはゴールしてから休めばリスクを減らせます。

　「浦島太郎」では，玉手箱を渡されたときに，玉手箱の受け取りを拒否すれば，歳をとらなくてすみました。またはその場で開けようとすると，乙姫様が止めたかもしれません。

　「舌きり雀」では，中身を見せろと交渉すればリスクが減ります。

　「花咲爺さん」では，意地悪爺さんにポチを断固貸さなければリスクは減ります。

　「猿蟹合戦」では，蟹が猿を頼らずに，柿が落ちるのを待てばリスクは減ります。

　「カチカチ山」では，タヌキが兎に付き合わなければリスクは減ります。

　また，リスク（危険）を低減させるために，多角的な対策もとれます。

　おとぎ話で見る多角的対策としては，

　「桃太郎」では，桃太郎が鬼ケ島で鬼を退治する前に，猿，犬，雉にキビ団子を与え，味方にすることにより，多角的な攻撃ができて勝利をおさめます。

　「猿蟹合戦」では，異種連合軍により猿に勝利をおさめます。

　「カチカチ山」では，兎に言われて薪を取りに行く時に，火をつけられてもわからないので，周囲の確認，相手の動向の確認をします。また，魚を獲りに行く時，泥舟に乗せられる前に，耐久性の確認をしたり，相手の船と交換をすることでリスクを回避できます。

　船内向け自主改善活動の基本は，全員参加です。経験上，危ないと思った場所を

1．良い事例を参考に
2．簡単なチェックリストによる評価
3．改善の進め方シートによる改善

をしていきます。全員が参加することにより，さまざまな視点が取り入れられて，わかりやすく，短時間で，自分たちの職場の効果的な改善ができます。

1.2　WIB の特徴

　WIB は，ILO が作成した中小企業自主改善活動（Work Improvement Small Enterprise，以下 WISE と略す）を船内向けに作りかえたものです。全員が良好な事例を参考にして，簡便な WIB チェックリストで職場の改善点を見つけ，短時間に低コストで，無理せずに，改善活動ができます。

　自主改善活動の基本的な考え方は，「自分たちの職場は自分たちで守る。だから，自分たちで点検して，自分たちで改善していく。」ことで，労働災害を予防していきます。

　一人一人が，自ら安全対策を作り，労働災害の未然防止を図ります。本書のチェックリストなどのツールや活動事例は，皆さんの活動をお手伝いするものです。船舶は，船種，大きさ，海域により，仕様，船内設備が大きく異なります。個々の船舶ごとに，自主的に船内を改善することが必要です。船員の災害防止を図るためには，船内を改善することが必要です。

　船員は 24 時間，船で生活しているケースが多く，しかも通常は 4 時間ごとの 1 日 2 回の交代制勤務をしています。そのため，まとまった時間がとりにくく，乗組員全員が一斉に揃うことが難しいです。あまり労力をかけずに短時間で，効率的に自主改善を行うことが必要です。

　そこで，小さな集団でも継続して改善活動ができる，WISE に着目しました。

ILO-OSH2001 に準拠した WISE は，建設や農業を含めた各産業で国際的に成果を上げています。WISE 方式は「実用的で使いやすい訓練教材とトレーナー訓練アプローチ」として，ILO で労働安全衛生に関する決議がされました（2003 年）。アジア，中南米，アフリカで WISE 方式が普及しています（トレーナー訓練を含む）。また，アクション型チェックリストは，ISO 筋負荷基準に採用されています。アクション型チェックリストとは，WISE で使われている手法であり，改善の対策を指向しています。従来の〇，×式のチェックリストです。点検・評価後にどのように改善するかを考えなければなりませんでした。それに比べて，アクション型チェックリストは，「改善が必要」と評価されたならば，チェックリストの項目に書かれている内容がヒントになり，改善をしやすくなります。

ILO の労働安全衛生マネジメントシステムを推進させるためのツール，「OSH Management System：A tool for continual improvement（労働安全衛生マネジメントシステム：持続的な活動のためのツール）」の 11 ページ「小規模事業」において，「中小企業向け自主改善活動（WISE），小規模農業向け自主改善活動（WIND），および商業労働貿易組合向け自主改善活動（POSITIVE）などのトレーニングパッケージが，ILO によって広く開発されて，実行されています。」と記されています。

現場の作業者とグループワークをすることにより，生産性の向上と労働安全衛生分野における改善が容易に行われています。従来の安全対策のイメージ（安全担当者中心）と，自主改善活動による安全対策のイメージを図示します。

図 1 - 1　今までの安全対策のイメージ

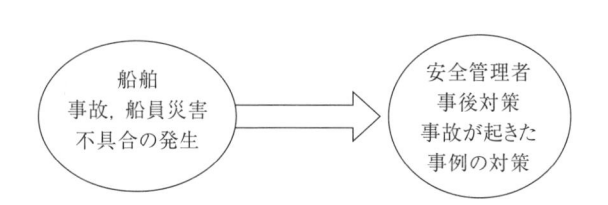

・災害の発生に対して，再発防止をするために対応します。

・過去の経験から事例を集めますが，以前，事故が起きていない個所への改善が不十分なことがあります。

・専門家や特定の乗組員だけで安全を進めるため，船内を隅々まで見ることはなく，多面的な設備の改善や，作業方法の改善が漏れてしまうことがあります。

WIB を元にした自主改善活動（全員参加型）のイメージを図示します。

図 1 − 2　WIB を元にした改善活動（全員参加型）のイメージ

事故
自主改善事例
事例の蓄積

→

事故
不具合の，
発生予測
予防改善

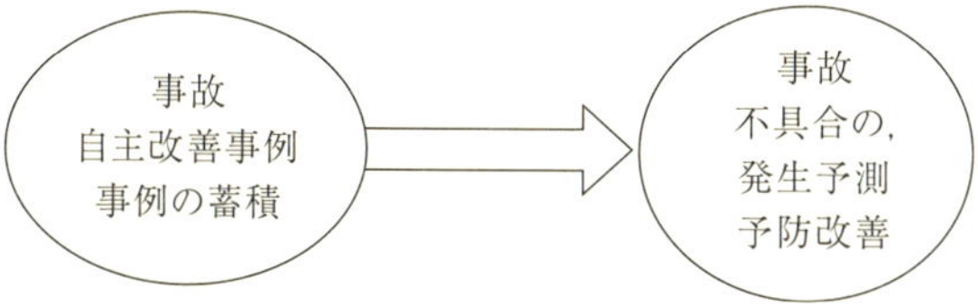

・労働災害の発生を予測し，事前に対応します。被害を受ける前に全員で予防します。

・改善対策は，乗組員全員の仕事として，自分の職場の安全は自分で確保する意識が生まれます。

・職歴に関係なく，良いアイデアを持っていることを前提に考えているので，若手も参加できます。

・良いアイデアは，良い事例として共通の認識となり，他の船にも展開することができます。

・費用や時間を勘案して，優先して改善すべき点を明確にすることができます。

・不安全箇所に対する着眼点や，考え方を理解することができます。

・職場を多面的にみることにより，船員が改善することに関心を持つことができきます。

「安全衛生マネジメントシステム」の中で，自主改善の視点によるリスクアセスメントを船内に普及させるために，短時間で使いやすいツールとして WIB を開発しました。

従来の WISE 方式の自主改善活動では，トレーナー（指導者）は3日間の教育プログラム等を受ける必要がありますが，船内での少ない人数による運営，交代制勤務形態を考えて，WIB では短時間（初回は120分程度，2回目からは60分〜90分程度）で活動できるプログラムを考えました。

WIB では，船社側は安全衛生目標や安全衛生計画を作成して，安全衛生に関する教育・研修をすることが必要です。加えて，船内での危険要因の特定・評価（リスクアセスメント）について，会社側が改善活動のための人件費，および必要な道具，資材の提供と，実施状況や効果の確認をすることが必要です。会社の方針，安全衛生計画などの支援がなければ，いくら現場で活動しても，継続的に行うことができませんが，職場の労働安全衛生を進めるには，会社と船員が車の両輪のように，WIB を理解し，協力し合って改善を進める必要があります。

現在，WIB の商船，旅客船向けプログラムを国土交通省が，漁船向けプログラムを水産庁が実施しています。

① 貨物船，旅客船向け WIB について（国土交通省補助事業）

平成25年から開始した，第10次船員災害防止基本計画に組み込まれて，初年度は調査事業，2年度目は検討事業が行われ，3年度目の2015年度から2017年度で WIB 指導者養成講座として全国各地で計33回行われ，約1,600人が参加しています。WIB は，船内労働安全衛生マネジメントシステムを推進するための方法として普及しています。具体的な内容は，平成27年度より船員災害防止実施計画で紹介されています[1]。

「死傷災害の防止に向けた取組の一環として，船内での危険要因の特定・評価（リスクアセスメント），安全衛生目標や安全衛生計画の作成・実施，効果の確

認と更なる改善措置の実施等を継続的に行う船内労働安全衛生マネジメントシステムの導入を引き続き推進するとともに，船内労働安全衛生マネジメントシステムの導入が難しい船舶所有者については，より簡単にできる船内向け自主改善活動（以下，「WIB」という）の導入を推進する。国は，WIB の普及を図るため，WIB 指導員養成のための講習会を実施する等，普及促進に努める。」

　国土交通省の平成 27 年度の海事レポートの中で，WIB は以下のように紹介されています[2]。

　国土交通省が策定した「第 11 次船員災害防止基本計画」および「平成 31 年度船員災害防止実施計画」の船員災害防止の主要対策の中で，「中小船舶所有者においても，船内向け自主改善活動（以下「WIB」の導入により安全衛生管理体制の構築を図ることが重要である。」とされている。http://www.mlit. go.jp/common/001274451.pdf

「○船内向け自主改善活動（WIB）

WIB（Work Improvement on Board）とは，船員本人のチェックリストによる船点検を通じて，各船員が船内の危険箇所・問題点等を認識し，その対策を講ずるとともに，安全意識の向上を図るもの。」

② 　漁船向け WIB（水産庁補助事業）

　水産庁補助事業「安全な漁業労働環境確保事業」漁業カイゼン講習会では，漁業の労働環境のカイゼンや，海難の未然防止などの知識を持った「安全推進員」を養成しています。その中心に，参加型自主改善活動（Participatory Action-Oriented Training　以下 POAT という）をベースにした船内自主改善活動として，良い改善事例の選択，アクション型チェックリストと改善進め方シートの講習，可能な時は船の点検を行っています。事業の内容は，平成 25 年の「水産の動向（水産白書）」では以下のように紹介されています[3]。

　「国では，平成 25（2013）年から，漁船の航行や操業時の安全性に関する知識や，漁労作業時の危険箇所を事前に特定し対策を講ずる「参加型自主改善活動」に関する知識を身につけた者を「安全推進員」として養成し，漁業者が自

ら安全な漁業労働環境を構築することを支援しています」。

また，内閣府の交通安全白書でも，この事業は 2013 年から 2017 年で全国約 120 カ所で講演会が開催され約 500 人安全推進員が活動しています。以下のように紹介されています [4]。

「水産庁では，漁船の海難や海中転落事故に対する安全対策の強化を図るため，漁船の労働環境の改善や海難の未然防止等について知識を有する「安全推進員」を養成し，漁業労働環境の向上等を通じて海難事故の減少を図るとともに，ライフジャケット着用推進のための普及啓発を行う等，所要の施策を講じました。」

③　WIB 方式船内労働安全衛生マネジメントシステム

船内労働安全衛生マネジメントシステムの導入促進をするために，簡便にできる（15 分で読める）WIB 方式船内労働安全衛生マネジメントシステムを考案しました [5]。WIB 方式船内労働安全衛生マネジメントシステムを推進するため，アドバイスと認証をする機関として一般社団法人自主改善活動協会を設立して，普及を図っています。

その他 WIB の活動を，日本海難防止協会情報誌『海と安全』では「漁船の安全対策の取り組み」と「小型船の自主改善活動について」，船員災害防止協会機関誌『船員と災害防止』では「WIB（船内向け自主改善活動）について」，漁船保険中央会『波濤』では「安全推進員講習会の効果について」，JF 全漁連発行『くみあい』では「漁業の安全の現状と今後の取り組みについて」，全日本海員組合発行の機関誌『海員』では「船員の労働環境と自主改善活動の取り組み」などで取り上げています。

第2章

船内向け自主改善活動（WIB）実施方法

図2-1　解説書

2.1　概　要

　WIBマニュアル（図2-2）は全ページ，ストーリー漫画になっており，船員災害防止の流れ，船内労働安全衛生マネジメントシステム，自主改善活動の方法，チェックリストの良い改善事例の使い方などを，10〜20分程度で読むことができます。船舶は，船種，大きさ，海域により，仕様・船内設備が大きく異なります。自主改善活動の基本的な考え方は，個々の船舶ごとに働く人自らが自主的に船内を改善することです。

　「自分たちの職場は自分

出所：安全推進員テキスト・漁業の安全を守る7つのポイント・船の安全チェックリストより抜粋。

図2－2　国土交通省船内版自主改善活動のすすめ（左）安全推進員テキスト（右）

たちで守る。だから自分たちで点検して，自分たちで改善していく」と考え
て，参加者1人1人が自ら安全対策を作り，労働災害の未然防止を図ることで
す。本書で紹介しているチェックリストなどのツールや良い改善事例は，皆さ
ん（1人でもできます）の活動をお手伝いするものです。準備としては，本書に
掲載していますチェックリスト，改善すすめ方シートを活用してください。本
書の他，国土交通省，または船員災害防止協会のホームページからダウンロー
ドできます。

　簡易版の漁業者向けマニュアルは，全国漁業就業者確保育成センターのホー
ムページから無料でダウンロードできます。

2.2　具体的な進め方

　WIB 研修会は，図2－3のようにステップを踏んで実施できるように工夫をしています。

　はじめに労働災害の実態を知り，リスクアセスメントの重要性や，職場の改善について理解をします。

　次に，チェックリストの使い方について説明します。他の船内での良好な事例を学ぶために，写真を見ながら，自分にとって「いいな」と思った改善事例を選びます。「いいな」と思った事例は，自分自身の職場でも活用できる良い事例だとみなされます。

　そして，28項目のチェックリストを使って，実際に自分の職場を点検してみます。比較的簡単に実施ができ，低コストで効果のあるものに「優先します」をチェックします。

　職場の点検が終わったら，「改善すすめ方シート」を使って，最初に取りかかる3つの改善項目を記入します。それは，比較的簡単に実施ができ，低コストで効果のあるものから取りかかります。どんなにすばらしい改善でも，費用が大幅にかかったり，手間がかかりすぎたり，技術的に困難な案件であれば改善は実施されず，結局は絵に描いた餅で終わってしまいます。チェックリストの「優先します」に記入されていれば，スムーズに選択できます。改善項目が決まれば，具体的な日程や実施日を決めて記入し，改善が終わったら実施した内容と写真をつければよいのです（写真は拡大して，事務所の壁や船内に掲示すると，改善が完了できたと感じ自信につながります）。

　本書では，順番に読んでいくと WIB の方法について自然に理解できるように構成しています。

図2-3　WIB の実施方法

船内労働安全衛生マネジメントシステムの進め方

ステップ1　労働災害の特徴と改善点の理解

・船員労働災害防止の取り組み
・WIB チェックリストの使い方

ステップ2　船内の良好事例を学ぶ

・良好事例写真投票

ステップ3　WIB チェックリストと
　　　　　改善進め方シートの活用

・グループワークで船内巡検してグループ討議

（WIB 研修会の企画、運営）

ステップ4　改善進め方シートによる計画と実施

改善進め方シートの改善結果を報告,
成果の交流

（改善実施）

ステップ1　良い改善事例の選択

　参加人数分の赤と黄色のポストイットを用意してください。参加者それぞれ
で，一番良いと思う事例に赤いポストイット，二番目に良いと思う事例に黄色
いポストイットを写真に貼りつけてください（色は，2色が異なっていれば何でも結
構です）。一番投票が多かったものが，みなさんが必要と思う事例です。良い改
善事例を参考にしながら，改善案を考えてみましょう。

図2−4　良い改善事例の選択

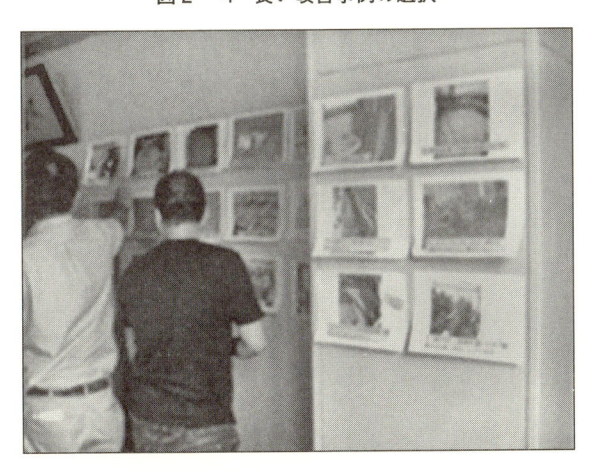

| 準備1 | 良い改善事例の写真を拡大コピーして壁に貼ってください。 |

　準備2　参加者に赤と黄色のポストイットを1枚ずつ配布してください。
　　　　（ポストイットは，2色で異なる色でしたら何でも結構です）

　実　施　参加者それぞれが，一番良いと思う事例に赤いポストイット，二番
　　　　目に良いと思う事例に黄色いポストイットを写真に直接貼り付けて
　　　　ください。

　最後に集計をして，どのような改善に人気があったかを発表してください。

● コピーできない，ポストイットがない，写真などを貼る場所が取れない，人数が少ないなどの理由でこの方法をできない場合は，このテキストを用いて，各自で「一番良い写真」，「二番目に良い写真」を1つずつ選んで，チェックしてください。

（最後に，責任者に渡してください。責任者は集計をして，どのような改善が人気だったかを示してください）

様式1　良い改善事例

1．転落・転倒を防止します

一番良い		二番目に良い	

ステップには警戒塗装と滑り止め

2．使いやすい道具置きがあります

一番良い		二番目に良い	

作業に便利な可動式道具入れ

3．衝突を防止します

一番良い		二番目に良い	

見づらい所にはミラーの設置

4．色で識別します

一番良い		二番目に良い	

床面のふたが色分け

5．情報を共有します

一番良い		二番目に良い	

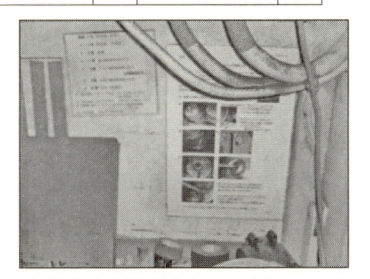

作業内容を写真入りでわかりやすく

6．作業を確認します

一番良い		二番目に良い	

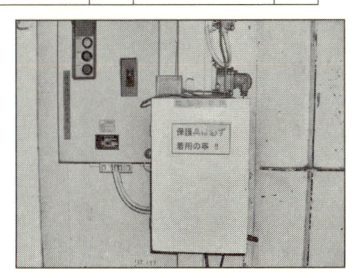

作業する前に必ず保護具を確認する

16

７．職場の環境を改善します

一番良い		二番目に良い	

作業中の暑さをやわらげるスポットクーラー

８．誤操作を防止します

一番良い		二番目に良い	

エラー防止の手作りカバー
（発泡スチロール製）

９．身体を保護します

一番良い		二番目に良い	

衝突防止の緩衝材

10．非常時の設備はわかりやすくします

一番良い		二番目に良い	

非常設備は，色と文字で表示

11．作業に必要なものは近くに置きます

一番良い		二番目に良い	

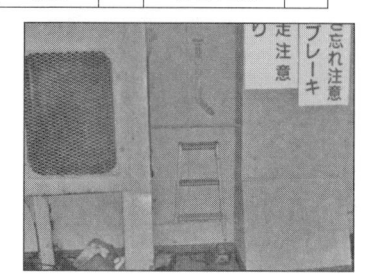

手近なところに脚立を配備

12．足りない部品が一目でわかります

一番良い		二番目に良い	

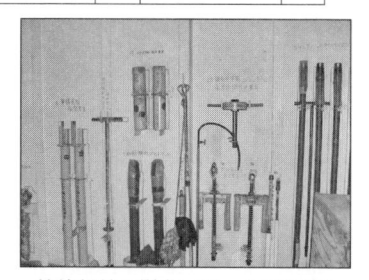

補給部品の影をマジックでなぞる

13. 機械にわかりやすい表示をつけます

一番良い	二番目に良い

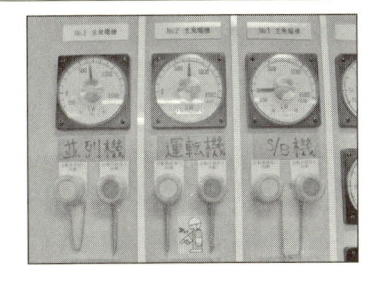

16. 多段階の棚と，吊り具を使っています

一番良い	二番目に良い

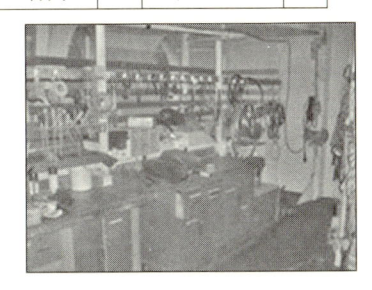

14. 工具の整理整頓

一番良い	二番目に良い

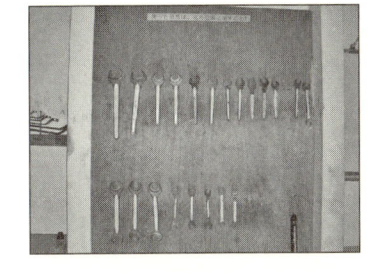

17. ボードを使って機能的に整理します

一番良い	二番目に良い

15. スイッチの色分け

一番良い	二番目に良い

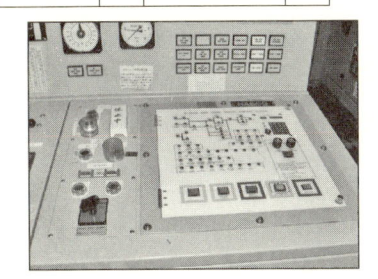

18. 良い姿勢でできる作業台があります

一番良い	二番目に良い

ひじの高さで作業ができる

19. 危険物にはわかりやすい表示

一番良い		二番目に良い	

20. 非常時の停止ボタンはわかりやすく

一番良い		二番目に良い	

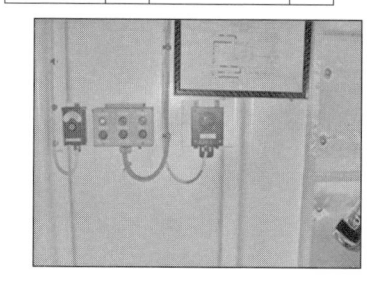

21. 滑りにくい床塗装

一番良い		二番目に良い	

22. ホースの切断防護棚

一番良い		二番目に良い	

23. 監視モニター

一番良い		二番目に良い	

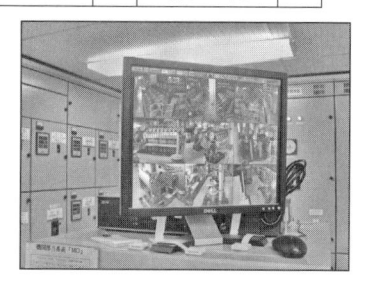

ステップ 2　チェックリストによる点検

　チェックリストの各項目に目を通して「今のままで良い」,「改善が必要」,「優先します」にチェックしてください。点検する際のポイントは, 日常のイメージを膨らませることです。働いているときに, どこにぶつけたか, どこで足を滑らせたか, どこで挟まれそうになったかをイメージしてください。事故が起こる前に直すことができれば, 忙しい時, 疲れている時, ふと気が緩んだ時に・・・ぶつかったり, つまずいたり, 挟まれたりして, 怪我をしなくてすみます。

　自由記入欄には, 良い改善事例や悪い例, さらに問題にした対策に関する情

図 2 － 5　チェックリストの記入方法

実施日　27　年　5　月　○　日				実施者　○　○
項　　目	今のままで良い	改善が必要	優先します	
整理・整頓				
1．使用しない器具は, 所定の場所に置いています。 （自由記述欄）	今のままで良い ☑	改善が必要 □	優先します □	
2．工具, 漁具などのために, 使いやすくわかりやすい棚, 場所があります。 （自由記述欄） ○○に棚を作る	今のままで良い □	改善が必要 ☑	優先します ☑	
3．人や資材が動けるように, 通路の境界線には印があります。 （自由記述欄）	今のままで良い □	改善が必要 □	優先します □	
4．通路は, 障害物やつまずくおそれがないよう整備しています。 （自由記述欄）	今のままで良い □	改善が必要 □	優先します □	

報や，意見を書き留めてください。

　1〜28項目のうち「改善が必要」の□にチェックをつけ，「優先します」が
ついている項目から，優先順位が高いものを3つ選んでください。

図2−6　船内での点検（左：機関部，右：甲板部）

表2−1　チェックリストの内容

整理・整頓 転倒防止 係船機器，漁労機器 危険の回避 照　明 作業のしやすさ 情報伝達・衛生設備	（項目例） 1．工具，漁具などのために，使いやすくわかりやすい 　棚，場所を設けます。 12．機械の動く部分や，危険な部分には，ガードを取り 　付けます。

様式 2　船内自主改善活動チェックリスト

実施日　　年　　月　　日	実施者	
整理・整頓		
1．工具，漁具などのために，使いやすくわかりやすい棚，場所を設けます。 （メモ欄）	今のままで良い □　改善が必要 □　優先します □	
2．人や資材が動けるように，通路を確保し，はっきりとした表示をつけます。 （メモ欄）	今のままで良い □　改善が必要 □　優先します □	
3．通路は，障害物やつまずくものがないよう整備します。 （メモ欄）	今のままで良い □　改善が必要 □　優先します □	
4．工具は使いやすいように，適切な長さ，厚さ，形のものを使います。 （メモ欄）	今のままで良い □　改善が必要 □　優先します □	
5．危険なものや，とがったものは，離したりラベルを付けて配置を変えます。 （メモ欄）	今のままで良い □　改善が必要 □　優先します □	
6．よく使う材料や工具を，容易に届く範囲内に置きます。 （メモ欄）	今のままで良い □　改善が必要 □　優先します □	
転倒防止		
7．機関室や居室の床に，水，油がこぼれた場合は直ちに拭きます。 （メモ欄）	今のままで良い □　改善が必要 □　優先します □	

項目	評価			図
8. 滑りやすい場所は，スリップの防止をします。 （メモ欄）	今のままで良い □	改善が必要 □	優先します □	
9. 階段等の転落する危険があるところには，手すりや柵を設けます。 （メモ欄）	今のままで良い □	改善が必要 □	優先します □	
10. 突起物は取り除くか，カバー，警戒塗装をします。 （メモ欄）	今のままで良い □	改善が必要 □	優先します □	
危険の回避				
11. ライフジャケットや保護具を着用するように声をかけたり，ポスターを貼ります。 （メモ欄）	今のままで良い □	改善が必要 □	優先します □	
12. 機械の動く部分や，危険な部分には，ガードを取り付けます。 （メモ欄）	今のままで良い □	改善が必要 □	優先します □	
13. 騒音が発生する機械を囲んだり，カバー，耳栓などをします。 （メモ欄）	今のままで良い □	改善が必要 □	優先します □	
14. 危険物や，有害なものは保管，隔離換気などで，安全に使用します。 （メモ欄）	今のままで良い □	改善が必要 □	優先します □	

	今のままで良い	改善が必要	優先します	
15.　電気を安全に使用しているか確認します。 （メモ欄）	□	□	□	
16.　非常停止スイッチや，停止ボタンははっきり表示します。 （メモ欄）	□	□	□	
照　明				
17.　全体照明とともに，機械の陰などで見えにくい部分には，局所照明をつけます。 （メモ欄）	□	□	□	
18.　照明器具は，まぶしさを感じさせない方法で，取り付けます。 （メモ欄）	□	□	□	
係船機器，漁労機器				
19.　引っかかったり，ぶつけたりする凹凸がないよう整備します。 （メモ欄）	□	□	□	
20.　機械等に有害な変形や損傷，腐食がないように整備します。 （メモ欄）	□	□	□	
作業のしやすさ				
21.　表示，スイッチ操作盤は，大きさ，形，色で，簡単に見分けられるようにします。 （メモ欄）	□	□	□	
22.　腰を曲げたり，ひねったりする仕事がないように工夫します。 （メモ欄）	□	□	□	

23. 重量物の運搬には，クレーン，台車，ローラーなどを使います。 （メモ欄）	今のまま で良い □	改善が 必要 □	優先 します □
24. ヒジの高さで仕事ができるように高さを調整します。 （メモ欄）	今のまま で良い □	改善が 必要 □	優先 します □
情報伝達・衛生設備			
25. 始業前など，作業者が全員で参加するミーティングを行います。 （メモ欄）	今のまま で良い □	改善が 必要 □	優先 します □
26. 掲示板などを活用し必要な情報が全員に正しく伝わるようにします。 （メモ欄）	今のまま で良い □	改善が 必要 □	優先 します □
27. 安全で安らぐ休憩場所があり，みんなでコミュニケーションを図ります。 （メモ欄）	今のまま で良い □	改善が 必要 □	優先 します □
28. トイレや，給水設備などの衛生設備があり，きれいに維持します。 （メモ欄）	今のまま で良い □	改善が 必要 □	優先 します □
（追加項目　1） 29. （メモ欄）	今のまま で良い □	改善が 必要 □	優先 します □
（追加項目　2） 30. （メモ欄）	今のまま で良い □	改善が 必要 □	優先 します □

ステップ 3　グループミーティング・改善の実施

　各自の調べた「改善すべき事項 3 項目」と「良好事例 3 つ」を発表します。改善すべき事項を部署（甲板，機関，サービスなど）ごとに話し合いをして，3 つに絞ります。まずは，その 3 つについて実際に改善していきます。部門ごとに話し合った改善案をまとめて，様式 3「改善すすめ方シート」に内容（Plan），いつ，どのように実施するかを記入します。会社と話し合って，必要な資材や修繕を手配してください。

　実際に改善が終われば，「BEFORE（改善前）」，「AFTER（改善後）」の写真を撮り「改善すすめ方シート」を記入して，チェックリストとともに保管をしましょう。さらに作成したシートを良い事例として船内に掲示すれば，乗組員の改善意識の向上につながります。

　初めに挙げた 3 つの改善が終わったら，次の 3 つの改善項目を選んで継続的に実施します。

　乗組員全員でチェックリストによる点検を定期的（年数回）に実施して，改善活動を継続的に行います。

・「WIB 指導員養成講習会受講者に対するアンケート結果では，「わかりやすい」「有効性がある」活動であるとの評価が多く，受講者の約 60％が受講後に船内改善を実施しています。」（「平成 31 年度船員災害防止実施計画」http://www.mlit.go.jp/common/001274451.pdf）ぜひ，みなさんの職場でも実施してみてください。

様式3 PDCA を考えた改善すすめ方シート（記入用）

改善すすめ方シート

	実 施 日	年 月 日		船 名		丸
	メンバー					
優先順位	改善内容	改善計画			改善結果	
		実施日（実施予定）	備 考（必要な物など）		実際の改善内容	写 真
1						
2						
3						

図2－7 WIB の「改善すすめ方シート」の例

改善すすめ方シート

	実 施 日	2014 年 6 月 1 日		船 名		○○丸
	メンバー	甲, 乙, 丙				
優先順位	改善内容	改善計画			改善結果	
		予 定	実 施	備 考	実際の改善内容	写 真
1	甲板の床が滑るので，滑り止めをつける。	8月下旬	9月○～○日	ペンキ○○円×○缶 滑り止め○○円×○缶 ホームセンターで購入	サンド入りのペンキを塗装。	
2	頭上に頭をぶつけるので，クッション材とトラマークをはる。	7月下旬	7月○日	ウレタン○○円 トラマーク色のガムテープ○○円 ホームセンターで購入	頭上にウレタンを付ける。トラマークのテープを付ける。	
3	工具が整理・整頓されないで，わかりづらい。	6月下旬	6月○日	ベニア板○○円 L字フック○○円 ホームセンターで購入	工具がわかりやすいように，大きい順に並べる。	

図2-8　WIBの「改善すすめ方シート」による実例　（その1）

改善すすめ方シート

	実施日	年　月　日	船　名	フェリー　●●●●●
	メンバー	●●，●●●，●●，●●		

優先順位	改善内容	改善計画			改善結果	
		予　定	実　施	備　考	実際の改善内容	写　真
1	スラスター室内危険箇所に滑り止めテープを貼る。		9月11日	スラスタートンネル上部に貼り付け。	滑り止めテープの貼り付け。	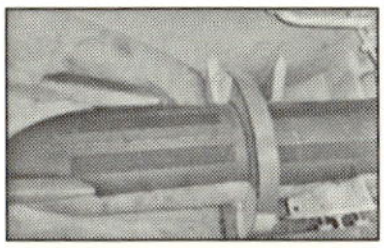
2	夜間の操舵盤の視認性を高める。		9月21日	蛍光テープを貼り付ける。	操舵盤の必要箇所に蛍光テープを貼り付ける。	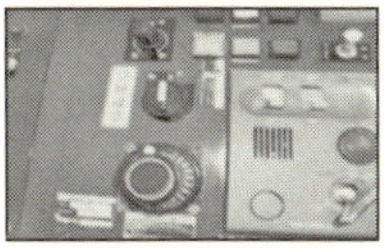
3	車両誘導時の安全確保。		10月16日	誘導灯および反射板付き安全ベストを購入する。	誘導灯の使用安全ベスト着用を徹底する。	

図2-9　WIBの「改善すすめ方シート」による実例　（その2）

改善すすめ方シート

	実施日	年　月　日	船　名	フェリー　●●●●●
	メンバー	●●，●●●，●●，●●		

優先順位	改善内容	改善計画			改善結果	
		予　定	実　施	備　考	実際の改善内容	写　真
1	機関室の頭上に頭をぶつける。↓		6月10日	ウレタン目印テープ	クッション材と目印テープの取付。	
2	床下（プレート下）のバルブが何のバルブかわかりにくい。↓	11月		ペンキ	床面蓋の色を配管種別に変える。	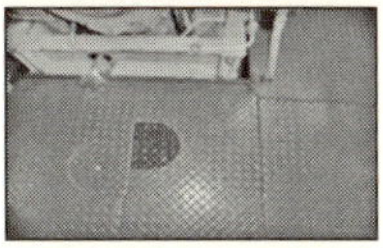
3	LO交換，フィルター掃除はどの時期かわかりにくい。↓				監視室にメンテナンス時期を表示する。	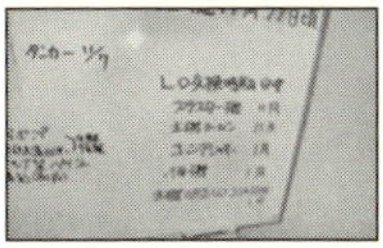

28

図2－10 WIBの「改善すすめ方シート」による実例 （その3）

改善すすめ方シート

	実施日	年　月　日		船　名	旅客船　●●●●●	
	メンバー	●●，●●●，●●，●●				
優先順位	改善内容	改善計画			改善結果	
		予　定	実　施	備　考	実際の改善内容	写　真
1	船尾甲板上の車イス止めにつまずくのでトラテープで表示する。	10月下旬	10月29日	トラテープ他で使用した残り。	目立つところにトラテープで表示した。	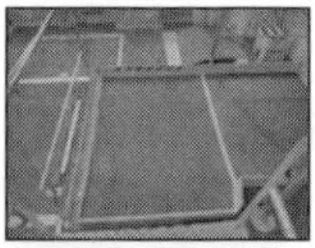
2	中央客室天井が低くて頭をぶつけない様トラテープで表示する。	10月下旬	10月29日	トラテープ他で使用した残り。	目立つところにトラテープで表示した。	
3	前部客室通路の床下収納蓋でつまずくのでトラテープで表示する。	10月下旬	10月29日	トラテープ他で使用した残り。	目立つところにトラテープで表示した。	

図2－11 WIBの「改善すすめ方シート」による実例 （その4）

改善すすめ方シート

	実施日	年　月　日		船　名	フェリー　●●●●●	
	メンバー	●●，●●●，●●，●●				
優先順位	改善内容	改善計画			改善結果	
		予　定	実　施	備　考	実際の改善内容	写　真
1	火災時のG.Sポンプの起動時に使用弁等に赤，緑（縞）のマーキング。		12月末		操作バルブの緑色に赤の縞ラインを入れた。	
2	非常時のビルジ，バラストポンプの使用でビルジ排出時使用弁に黒，緑（縞）のマーキング。		12月末			
3						

図 2 − 12　WIB の「改善すすめ方シート」による実例　（その 5）

改善すすめ方シート

	実 施 日	平成 27 年 11 月 18 日		船　名	フェリー　どうぜん	
	メンバー	藤田，岡本，杉原，向山，神谷，今村，平田，新澤，北峯				
優先順位	改善内容	改善計画			改善結果	
		予　定	実　施	備　考	実際の改善内容	写　真
1	ヒヤリハット等が起きた場合に直ちに危険箇所及び行動を改善する為，各部署に改善すすめ方シートを配分する。		11 月 18 日		操舵室，機関室，事務室にそれぞれ 7 枚ずつ配布した。（操舵室）	
2	同上		同上		（監視室）	
3	同上		同上		（事務室）	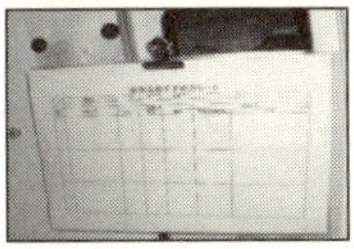

図 2 − 13　WIB の「改善すすめ方シート」による実例　（その 6）

改善すすめ方シート

	実 施 日	平成 28 年 6 月 25 日		船　名	フェリー　どうぜん	
	メンバー	藤田，岡本，杉原，向山，今村，脇谷，平田，北峯，井田，川本				
優先順位	改善内容	改善計画			改善結果	
		予　定	実　施	備　考	実際の改善内容	写　真
1	車両甲板上の滑り止め塗装及び滑り止めテープを貼る。		6 月 25 日	急いで乗船されたお客様が雨で濡れていた甲板で転倒した為。	滑り止めテープを貼りつける。	
2	車止めの安全マーク塗装。		来居行き欠航時	（ドックで塗装）色あせたものを塗装する。	全ての歯止めに安全マークを塗装実施。	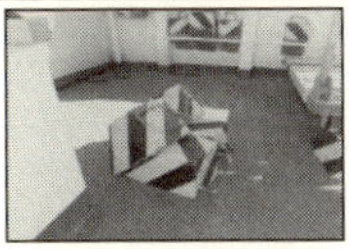
3	各船楼甲板は今の塗装では，雪により滑りやすい為，砂まき塗装とする。		10 月 10 日	係船機等の油圧機器およびロープを使用する為。（危険作業の為）	各船楼甲板上の砂まき塗装実施。	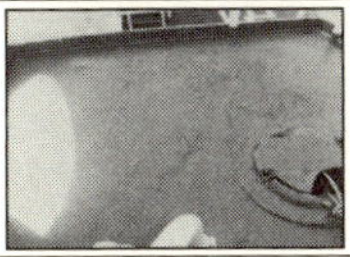

30

図2－14 WIBの「改善すすめ方シート」による実例 （その7）

改善すすめ方シート

	実 施 日	平成29年5月9日～5月22日	船 名		フェリー　どうぜん	
	メンバー	藤田，岡本，杉原，向山，今村，竹田，北峯，脇谷，井田，川本				
優先順位	改善内容	改善計画			改善結果	
		予 定	実 施	備 考	実際の改善内容	写 真
1	揚錨機からの投錨の際，チェーンがはねて怪我の防止となるようにする。	ドック中	ドック中	ドックオーダーによる。	ホースパイプから揚錨機にかけて錨鎖上にガード用丸棒鋼を溶接にて取り付ける。	
2	クラッチレバーを操作する際，手がガード用丸棒鋼に当たることがあるため，注意喚起となるトラマーク塗装をする。	ドック中	ドック中	ドックオーダーによる。	クラッチレバーを動かしてガード用丸棒鋼に当たるのを注意喚起の為トラマークを入れる。	
3	揚錨機のクラッチレバーを操作する際，間違えてアンカーが落下するのを防止する。必ず，クラッチを入れる確認の為，揚錨機のブレーキバンドのハンドルを赤色に塗装し，危険の注意喚起とする。	ドック中	ドック中	ドックオーダーによる。	揚錨機側のブレーキバンドのハンドルを赤色に塗装する。	

図2－15 WIBの「改善すすめ方シート」による実例 （その8）

改善すすめ方シート

	実 施 日	平成29年5月9日～5月22日	船 名		フェリー　どうぜん	
	メンバー	藤田，岡本，杉原，脇谷，向山，今村，竹田，北峯，井田，川本				
優先順位	改善内容	改善計画			改善結果	
		予 定	実 施	備 考	実際の改善内容	写 真
1	冬期，雪のため各甲板が滑り危険な為，滑らないようにする。	ドック中	ドック中	ドックオーダーによる。	船楼甲板上（4箇所）操舵室外左舷側船橋至る中間甲板各甲板上に滑り止めの為，砂まき塗装を施す。	
2	新たに消防員装具格納棚を増設。その下に荷物を置く。又，スラスター駆動機関点検表の記入等で増設した棚の角で頭を打つ可能性があるので衝撃を緩和するようにする。		6月3日		アングルの角の部分に保護クッション材を取り付ける。	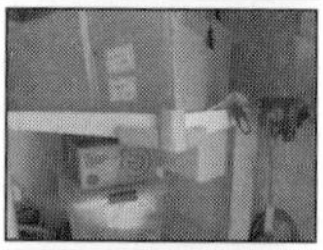
3	ドック工事に伴い滑り止めテープを剥がした為，工事完了後，ドック前と同様箇所の滑り止めテープの施工。	ドック中	ドック中	施工者：杉原	ドック工事後，新たに滑り止めテープ及び滑り止めトラマークテープを非常招集場所に貼る。（両舷）	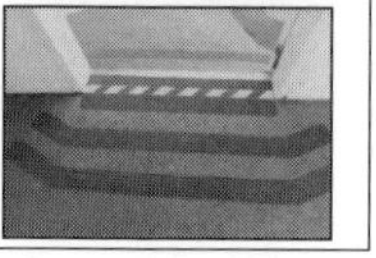

図 2 - 16　WIB の「改善すすめ方シート」による実例　（その9）

改善すすめ方シート

	実 施 日	平成 28 年 9 月 8 日		船 名	フェリー　どうぜん	
	メンバー	藤田, 岡本, 杉原, 脇谷, 向山, 今村, 竹田, 北峯, 井田, 川本				
優先順位	改善内容	改善計画			改善結果	
		予 定	実 施	備 考	実際の改善内容	写 真
1	ドック工事に伴う滑り止めテープを剥がした為, 工事完了後, ドック前と同様箇所の滑り止めテープの施工。(客室船首側出入口)	ドック中	ドック中	施工者：杉原	滑り止めテープを貼る。	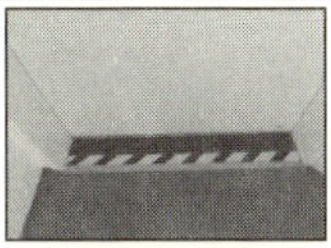
2	ドック工事に伴う滑り止めテープを剥がした為, 工事完了後, ドック前と同様箇所の滑り止めテープの施工。(客室船首側床：傾斜の為)	ドック中	ドック中	施工者：杉原	滑り止めテープを貼る。	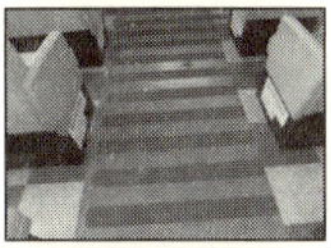
3	ドック工事に伴い滑り止めテープを剥がした為, 工事完了後, ドック前と同様箇所の滑り止めテープの施工。(客室船首側出入口及び客室床)	ドック中	ドック中	施工者：杉原	滑り止めテープを貼る。	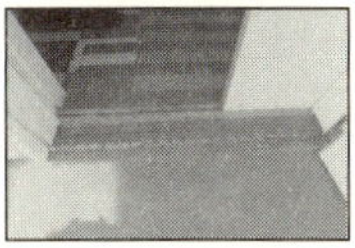

図 2 - 17　WIB の「改善すすめ方シート」による実例　（その10）

改善すすめ方シート

	実 施 日	平成 28 年 9 月 8 日		船 名	フェリー　どうぜん	
	メンバー	岡本, 杉原, 向山, 今村, 平田, 北峯, 脇谷, 井田, 川本				
優先順位	改善内容	改善計画			改善結果	
		予 定	実 施	備 考	実際の改善内容	写 真
1	少しだが段差がある。元はステンレスの為すべる。 ↓ (滑り止めと注意喚起)		9 月 8 日		滑り止めテープを貼る。	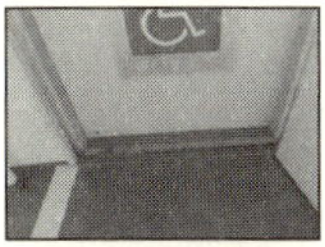
2	客室出入口のステンレス部分以外の非常招集場所及び車輌甲板側にもノンスリップテープを貼る。		9 月 8 日	雨天の場合に滑り易い。	滑り止めテープを貼る。	
3	保護クッション材を危険箇所に貼る。(以前取りつけた箇所以外の身長の高いお客様の頭が当たりそうな箇所)		9 月 10 日	(その他取付箇所) 写真の反対側, 客室出入り口等。	頭上の危険箇所に保護クッション材を貼る。(身長の高いお客様が頭を打った場合の衝撃を緩和する。)	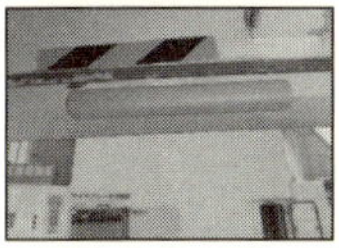

図 2 − 18　WIB の「改善すすめ方シート」による実例　（その 11）

改善すすめ方シート（種市南漁業）

	実　施　日	実　施　日	平成 30 年 6 月 6 日	船　名	第五有漁丸
	メンバー	高屋敷船頭・大道副船頭・平機関長・馬場帳場他乗組員 5 名			
優先順位	改善内容	改善計画		改善結果	
		実施日（実施予定日）	備　考（必要なものなど）	実際の改善内容	写　真
1	油圧ホースの付け根に網等が引っ掛かる。	平成 30 年 6 月 20 日		油圧ホースの付け根にロープを巻き付け網等の引っ掛かり防止をした。○改善箇所（ロープ）	
2	板が濡れると足が滑った。	平成 30 年 6 月 20 日		板が濡れると足が滑ったので麻袋を敷いて滑り防止。○改善箇所（麻袋）	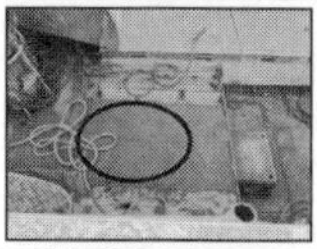
3	魚層から上がるのに仕切りが滑るので脇にステップを付ける。	平成 29 年 12 月 20 日	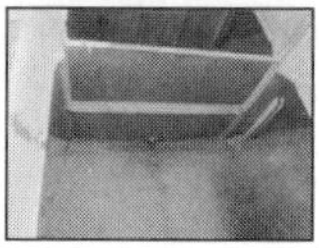	魚層にステップを付け滑り止めと上がりやすくした。○改善箇所（ステップ）	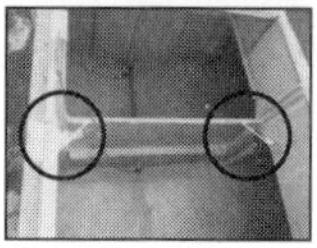

第3章

WIB のチェックポイント

チェックポイントの項目

チェックポイント 1： 材料や道具を収納するために必要な棚を設置します。

チェックポイント 2： 通路を確保して，障害物がないように維持します。

チェックポイント 3： 最小の労力で操作できる道具や装置を選びます。

チェックポイント 4： それぞれの工具には決められた場所を作ります。

チェックポイント 5： よく使う道具，スイッチ，材料は手の届く範囲に置きます。

チェックポイント 6： 機械の危険な可動部分（歯車，チェーン，ローラーなど）に，適切なガード（防護板）をつけます。

チェックポイント 7： 一人一人が個人用の保護具を，適切に使います。

チェックポイント 8： 有害化学物質の容器にラベルをつけます。

チェックポイント 9： 電気が安全に使用されているか確認します。

チェックポイント 10： 非常停止ボタンは，わかりやすく，目立ち，すぐに手が届くところにあります。

チェックポイント 11： 全体的な照明方法を考えます。

チェックポイント 12： 重たいものを持ち上げたり運んだり，取り扱う時は，ローラー，コンベア，玉掛け，その他の機械を使います。

チェックポイント 13： 材料と製品を運ぶのに適切な大きさとデザインのコンテナなどを使います。

チェックポイント 14： 物を運ぶときには，手籠または，台車などできる限り車輪のついたもので運びます。

チェックポイント 15： 作業する時の高さは，ひじのあたりか，その少し下の高さにします。

チェックポイント 16： 効率的な組織とチームワークができています。

チェックポイント 17： 使いやすいトイレと洗面施設があり，きれいに掃除をします。

▌WIB のチェックポイント 1

材料や道具を収納するために必要な棚を設置します。

┌─ **関連する WIB チェックリストの項目** ─────────────
│ 1．工具，漁具などのために，使いやすくわかりやすい棚，場所を設けます。
└─────────────────────────────────────

なぜ必要なのか

ラベル（表示）が付いた棚とラックは，工具や船具を整理・整頓するのに役立ちます。棚にラベルを付けることによって，必要な道具を簡単に見つけることができます。船具，道具は船員にとって欠かすことができないものです。

指定された場所に道具を置くことで，道具を探す労力や時間を減らすことができます。棚とラックは資材の安全な収納を促します（資材の落下などによる事故を削減できます）。

どのようにすれば良いか

1．棚やラックを，使いやすく，簡単に取り出せるところに置いてください。

2．壁を背に設置すると，スペースを有効に活用できます。棚にはラベル（表示）を貼ってください。表示で指定された場所に，道具や箱は手前に置きます。これらは，工具を探すときに大変便利です。

3．棚は，重い材料や工具を置いても大丈夫な強度にしてください。できる限り，壁や床に棚を固定してください。

みなさんで協力して進める方法

まず，船の中に小さい棚を組み立てることから改善が始まります。すると，まわりの人たちの意識も変わってきます。これは，メンバーや関係者が改善は良いことだと理解して，同じような改善をより一層促進します。

いろいろな人と，良い考えや習慣について情報交換することをお勧めします。

さらなる改善のヒント

　頻繁に使う道具は，腰と肩の高さに置いて，あまり使わないものや重たいものは，腰より下の高さに置きます。軽くて，めったに使わないものは，高い位置に置きます。

　それらが簡単に確認できるように，収納するための箱か籠，トレーやパレットを使用します。

　場所が離れている場合は，台車などをできる限り使用します。

覚えてほしいポイント

　ラベルを貼った棚とラックを適切に使うことで，時間と労力の無駄を少なくします。

＜WIB の改良チェックポイント＞

図 3 − 1a　わかりやすい工具置き

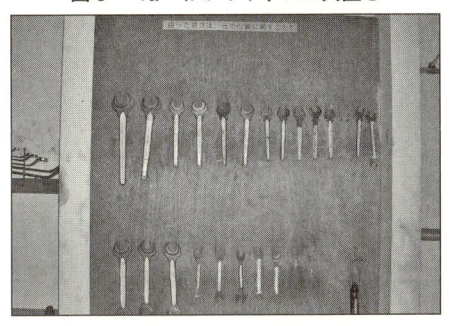

図 3 − 1b　多段階の棚に，道具を吊るしています

図 3 − 1c　コンテナで整理された漁獲物置場

▌WIB のチェックポイント 2

通路を確保して，障害物がないように維持します。

関連する WIB チェックリストの項目

2．人や資材が動けるように，通路を確保し，はっきりとした表示をつけます。
3．通路は，障害物やつまずくものがないよう整備します。
7．機関室や居室の床に，水，油がこぼれた場合は直ちに拭きます。
8．滑りやすい場所は，スリップの防止をします。
10．突起物は取り除くか，カバー，警戒塗装をします。

なぜ必要か

　通路上に道具や材料を置くなど，障害物がある状態で物を運ぶと，怪我をする可能性があります。材料や道具の運搬は，重要な仕事です。

　道具や材料は，重く，さまざまな形をして，運搬するのが難しい場合もあります。通路やデッキが，狭く，凸凹したり，滑りやすい状況では，安全な運搬ができなくなります。

　通路が良い状態だと，運搬の安全と効率が高まり，物をなくしたり，壊したりするのを防ぎ，事故と怪我から守ります。

　また，広くて良く整備された状態の通路や廊下では，安全で効率よく仕事を進めることができます。

どのようにすれば良いか

1．通路はできる範囲で広く，かつ良い状態に保ってください。

2．運搬に支障があるときは，障害物を取り除いて改善をしてください。例えば，波や雨ですべりやすくなっているところは，サンドを混ぜたペンキを塗ったり，滑り止めをつけて滑りらないようにしましょう。

3．通路上には，物を置かないでください。通路上に出ているものは，指定された場所へ収納して，ごみは処分してください。

みなさんで協力して進める方法

　通路や，輸送ルートの確保のために，簡単で廉価な改良から始めてください。例えば，自分の部屋の周りや，デッキに行く通路を掃除してください。通路を良い状態に保つことによって，安全で効率的な運搬ができることがわかると思います。

　定期的に他の船員と連携して，通路を掃除して，良好に維持することを習慣化しましょう。

さらなる改善のヒント

　ペンキの色を変えることによって，境界線をわかりやすくします。

覚えてほしいポイント

　きれいで，広くてしっかりした通路は，行き来や運搬がしやすくなり，事故，怪我，それらによる被害を防ぎます。

＜WIBの改良チェックポイント＞

図3-2a　主要通路（機関室）

図3-2b　主要通路（居室）

図3-2c　主要通路（漁船）

▌WIBのチェックポイント3

最小の労力で操作できる道具や装置を選びます。

┌─ **関連する WIB チェックリストの項目** ─────────────
│ 4．工具は使いやすいように，適切な長さ，厚さ，形のものを使います。
└────────────────────────────────────

なぜ必要か

　よく設計された道具は，良い姿勢で作業ができ，事故を防ぎます。さらに，生産性を改善して，あなたの作業負担や疲労を低減させます。例えば，大きすぎたり，重すぎたりする道具や，使いづらく，やりにくい道具を使うことは，非効率なうえ，事故や怪我の危険が高まります。船で使う道具は，仕事の内容や船の大きさによって違ってきます。

どのようにすれば良いか

1．軽量かつ充分な強度がある道具を選んで，手足の筋負担や，その他の負担を減少させましょう。デッキブラシや鉤などの大きい道具は，負担の少ない姿勢で仕事ができるように，適切な長さが必要です。安全な操作のために，丈夫な握り部分がついたハンドルを使ってください。

2．道具は，自分自身で考えて作ることができます。日本人船員によって工夫された設備は，広く使用されています。

3．ターンテーブルや回転する作業台は，物を手で持ち上げたり，回転させたりしなくても仕事ができるようになります。

みなさんで協力して進める方法

　現場の人々によって改善された，使いやすい道具を見つけてください。そのような道具を使うと，効率が良く，生産性が向上するとともに，安全と健康を促進します。あなたの周囲の人の話をよく聞いてください。そして現場で使っ

ている道具の中で，どれが使いやすいか話し合ってください。良い方法をお互いに共有してください。あなたが新しい道具に興味を持った時は，あなたのまわりで，すでにそのような道具を使っている人に相談してください。試しに使ってみると，道具の問題点がだいたいわかります。

さらなる改善のヒント

　長時間にわたって同じ道具を使い続けることにより，身体の同じ部分を酷使することを避けましょう。身体の偏った使い方をしないように，良く設計された道具を選びましょう。新しい道具を選ぶときは，例えば，両手を使い続ける，立ち続ける，座り続けることがないような道具を考えてみてください。

覚えてほしいポイント

　適切に設計された道具と設備は，疲労と事故を減少させて，生産性を向上させます。

＜WIB の改良チェックポイント＞

図3－3a　ボードを使って収納

図3－3b　良い姿勢を保てる作業台

図3－3c　工夫された作業スペース

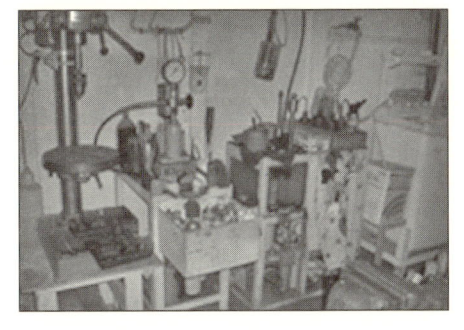

▌WIB のチェックポイント 4

それぞれの工具には決められた場所を作ります。

┌─ **関連する WIB チェックリストの項目** ─────────
│ 5. 危険なものや, とがったものは, 離したりラベルを付けて配置を変えます。
└────────────────────────────────────

なぜ必要か

　道具と材料が床の上へ散らばった乱雑な状態で働いていることは, 安全を損なうとともに効率的な仕事ができません。道具を探したり, 取り替えるための時間や努力が浪費されるうえ, 貴重で高価な道具をなくしたり, 壊したりすることもあります。あなたは嫌気がさすとともに, 不満やストレスが増加します。

　各道具に置き場所を決めることは, 簡単で有効な解決策であり, 安全かつ効率が良くなります。1つの道具を使い終わったら, そのつど指定された位置に置けば, 必要な道具がすぐに見つかり, なくなった道具が何かすぐにわかります。

どのようにすれば良いか

1. 木の板などの材料を使って, 道具や工具の置き場所を作りましょう。

2. 工具の名前を貼るか, 道具の形の影を板に書き込んで, 各道具の指定された場所を示してください。あなたは一目で, 工具が指定の位置にあるかどうかわかります。

3. どこででもすぐに仕事ができるように, いろいろな場所で使えるように可動式にすることも考えてください。

4. 小さな道具や細かい部品は, 紛失するのを防ぐために, 容器, 缶やトレーなどに格納してください。

みなさんで協力して進める方法

　あなたがすぐに実行できる，簡単な改良から始めてください。板にL字のフックを付けたりして，板や壁に道具の形を描いたりして，実用的な方法で改善しましょう。また，そのやり方は，あなたの家の中でも役立ちます。なるべく多くのメンバーに参加してもらい，そして実用的で目に見える改善をみなさんで共有してください。

さらなる改善のヒント

　違う現場でも使えるように，道具のキャビネットやラックに車輪を取り付けるか，持ち運びができるようにしておきましょう。

覚えてほしいポイント

　各道具の置き場所を決めることは，低コストで仕事の安全と効率を高める方法です。

＜WIBの改良チェックポイント＞

図3－4a　道具のための棚

明確なラベル（表示）の位置に置かれている。

図3－4b　道具の形を示した置場

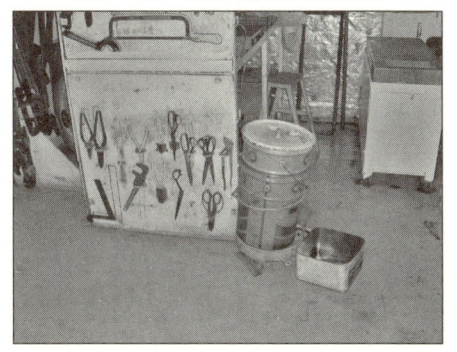

それぞれのツールの形が，木製の板にはっきりと描かれていて，どこに置いてよいかすぐにわかるようになっている。

▌WIB のチェックポイント 5

よく使う道具，スイッチ，材料は手の届く範囲に置きます。

関連する WIB チェックリストの項目

6．よく使う材料や工具を，容易に届く範囲内に置きます。
20．機械等に有害な変形や損傷，腐食がないように整備します。

なぜ必要か

　よく使う道具や材料を手の届く範囲に置くことで，手足の動きを少なくできます。これは時間と労力を減らせるとともに，直立やかがんだ姿勢などの筋骨格系の負担を軽減することができます。道具や材料を手の届く範囲に置く原則は，いろいろな仕事に必要です。道具や主電源の操作盤などは，作業者の手の届く範囲にあることが必要です。また，同じ原則を家庭でも応用することができます。

　手の届く範囲に物を置くことは，仕事をより効率的にする手助けになります。

どのようにすれば良いか

1．船の中で，頻繁に使っている材料や道具を確認してください。作業する時に，それらを手の届く範囲に置くように工夫してください。

2．あまり使用しない道具や材料を移動させて，収納場所を作ってください。

3．必要に応じて，棚，ラックまたはハンガーを使って，道具と材料が手の届く範囲になるように工夫してください。

みなさんで協力して進める方法

　あなたが頻繁に使う道具は，他の人も頻繁に使うかもしれません。だれもが一番使いやすい場所に道具を置くことができるように，よく話し合ってくださ

い。あなたのまわりを観察して，良い事例を集めて，共有してください。

　現場の知恵を活用して，とてもすばらしい解決策を見いだせるかもしれません。

さらなる改善のヒント

　材料を手の届く範囲で取り出せるように，特別な装置を考えてみましょう。

　それには道具を簡単に運べるように，車輪をつけるのも良い方法です。

　特に，船でよく使用される，スパナ，ナイフ，またはハンマーなどの道具を運ぶための特製の箱やバッグは，良い事例になります。

覚えてほしいポイント

　手の届く範囲に道具と材料を置くことによって，時間と労力が少なくて済みます。

＜WIBの改良チェックポイント＞

図３－5a　甲板上のワークステーション

図３－5b　大きい順に揃えた道具

図３－5c　身近なところに置かれた道具

▌WIB のチェックポイント 6

　機械の危険な可動部分（歯車，チェーン，ローラーなど）に，適切なガード（防護板）をつけます。

関連する WIB チェックリストの項目

　9. 階段等の転落する危険があるところには，手すりや柵を設けます。
　12. 機械の動く部分や，危険な部分には，ガードを取り付けます。
　13. 騒音が発生する機械を囲んだり，カバー，耳栓などをします。

なぜ必要か

　機械に挟まれることで，事故が発生します。例えば，歯車，ローラー，ベルト等に接触すると，大けがをするかもしれません。さらに，機械の鋭利な部分や，高温な部分がぶつかってくるかもしれません。

　手作りの簡単なガードでもあれば，そのような危険を減少させることができます。機械の可動部分との接触は，機械を使用する人ばかりでなく，通りすがりの人にも危害を加えることがあります。

どのようにすれば良いか

1. 機械の可動部にガード（防護板）かカバーを取り付けてください。木材や鉄板など材料を有効に使ってください。他人が壊すことができないように，強くて，長持ちする材料を使いましょう。

2. ガードとカバーは，修理する時などのために取り外しができるようにしてください。保守は，経験の豊富な人が，手順に従って確実に管理をしてください。

3. 機械の操作のために，機械を連続して監視する必要があるときには，ガードはプラスチックやアクリル，金属メッシュなどの中を見ることができる材料を使用してください。

4. 金属などの丈夫な材料で作られたフェンスを設置して，機械が置かれて

いる場所に，部外者が入らないようにしてください。

みなさんで協力して進める方法

　あなたのまわりの人とともに，船の中の機械が，いつ，どこで，どんな時に使われているか，作業を観察してみてください。これらの機械の危険を確認して，そしてガードの必要性を認識してください。可能な改善案を話し合って，実行してください。

　必要な時は，その場所で有効な材料を使って，適切なガードを付けてみてください。

さらなる改善のヒント

　ガードは，突然外れて，大きな怪我をする可能性があるので，確実に固定してください。機械を動かす前に，ガードを固定しているナットやボルトが，しっかりと締められているのを丹念にチェックしてください。

覚えてほしいポイント

　機械の可動部分にガードを適切な状態で付けることが，接触事故を防ぐための最も良い対策です。

＜WIBの改良チェックポイント＞

図3－6a　事故と負傷を防ぐために巻き取り機にガードをつける

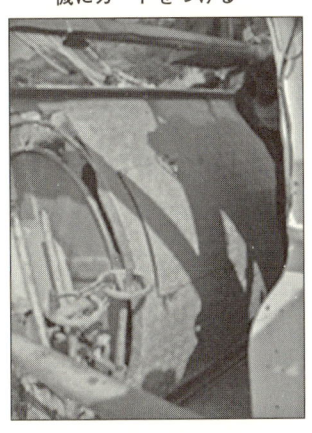

図3－6b　利用可能な材料で手作したガード

▌WIB のチェックポイント 7

一人一人が個人用の保護具を，適切に使います。

関連する WIB チェックリストの項目

11. ライフジャケットや保護具を着用するように声をかけたり，ポスターを貼ります。

なぜ必要か

　個人用の保護具は，ほこり，雑音，化学物質などの危険な物質から身体を守り，海中転落から命を救います。個人の保護具は，他に安全対策がなければ，優先して使いましょう。

どのようにすれば良いか

1. あなたがさらされる危険を考えてみてください。そして適切な保護具を選んで，それを間違いなく使ってください。保護具の重要性を理解して，教育や訓練をする機会を作って参加してください。また，保護具の適切な使用のための知識と技能を得るために，継続的な訓練やトレーニングが必要です。

2. 使った後の保護具は掃除してください。そして，それを安全な場所にしまってください。

3. 定期的に保護具の機能をチェックして，良い状態を維持してください。

みなさんで協力して進める方法

　最新の情報を得て，その情報を共有してください。そして周囲の人にも保護具を正しく使うことをすすめてください。

　保護具が適切かどうかお互いにチェックして，減ったり，凹んだりしていないか確かめてください。保護具が自分の身体に合っていないと感じたら，その問題を解決するために，まわりの人やメーカーの人などに聞いてみてください。

保護具の着用をやめないでください。

さらなる改善のヒント

　保護具はサイズと形状をよく考え
て，自分の仕事に合っているかどう
か検討をしてください。

　特に，ライフジャケットやマスク
は，自分の身体に合っているか
チェックしてください。

　マスクと顔の表面の間に小さな隙
間があると，科学物質が侵入してき
てしまい，保護具の有効性を減少さ
せます。

　寒い地域や暑い地域があるので，
保護具はその地域の特性に合ったも
のを選んでください。また，機能が
保たれているかどうか定期的に点検
してください。保護具をうまく収納
できていることも，重要な要素で
す。保護具の種類によっては，温度
と湿度の影響を受けるかもしれませ
ん。保護具を使い慣れるように，繰
り返し練習をしてください。

覚えてほしいポイント

　個人の保護具は正しく選択してく
ださい。正しく使わないと，大きな
事故につながります。

＜WIBの改良チェックポイント＞

図3－7a　ライフジャケットの着用

図3－7b　ヘルメットの着用

図3－7c　ライフジャケットとヘルメットの
着用

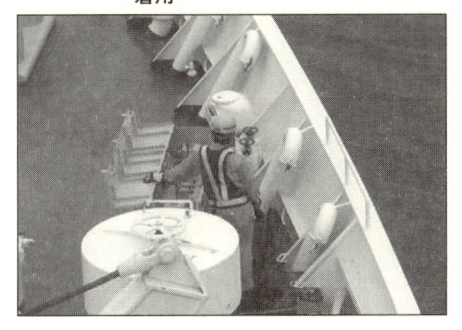

▌WIB のチェックポイント 8

有害化学物質の容器にラベルをつけます。

関連する WIB チェックリストの項目
14. 危険物や，有害なものは保管，隔離，換気などで，安全に使用します。

なぜ必要か

　有害な化学物質の誤用により，健康や環境に大きな被害が出るかもしれません。

　化学製品のオリジナルの表記は，よく専門用語や外国語で書かれています。使用者がその情報を理解して，その指示に従うのが難しいことがあります。

どのようにすれば良いか

1. すべての化学製品の容器の説明を，注意して読んでください。それでもわからない場所は，保健所やメーカーの人に聞いてみてください。
2. 標記の情報を理解するのが難しければ，日本語の名前，目的，および警告，その説明を追加したラベルを作り，容器に貼ってください。
3. 容器を処分する時に，ラベルは決してはがさないでください。
4. 化学物質を大量に購入して，それらをより小さい容器に分けて入れるときは，これらに適切な標記を貼ってください。そして，飲料ボトルや食物容器は使用しないでください。これで誤飲や誤用を防ぐことになります。

みなさんで協力して進める方法

　ラベルは，そこに何が入っているかを確認でき，その誤用を避けるために役に立ちます。

　どのような説明が適切なのか，みなさんでお互いに情報を共有してくださ

い。

　保健所などから専門家を招待して，有害な化学物質の安全と管理についての講演をお願いするなどの方法もあります。

さらなる改善のヒント

　ラベルは，防水で太文字の油性ペンで書きましょう。みなさんが理解できる簡単で明確な文章を使ってください。みなさんが確実にわかるように，ドクロマークなどの絵やシンボルを使用することは良い考えです。

　ラベルが汚れていたり，擦り減っていたりした場合は，すぐに取り替えてください。

　殺虫剤や有害化学物質に標記をすることは，通常，法律で義務づけられています。適切な標記がない殺虫剤は購入しないでください。

覚えてほしいポイント

　外国語表記の化学物質は，すべてに日本語で書いたラベルを貼りつけて，誤用を避けてください。

＜WIBの改良チェックポイント＞

図3－8a　簡単，そして，読みやすいラベル

図3－8b　簡単，そして，読みやすいラベル

図3－8c　ドクロマークを付けて化学物質の表示

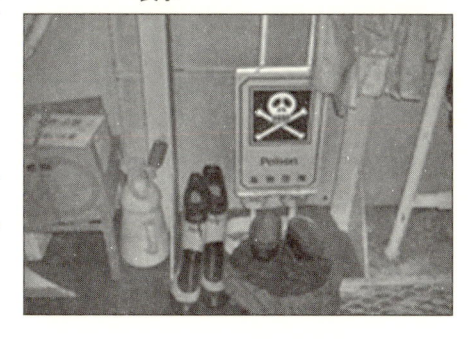

WIB のチェックポイント 9

電気が安全に使用されているか確認します。

┌─ 関連する WIB チェックリストの項目 ─
15. 電気が安全に使用されているか確認します。
└

なぜ必要か

電気は現代の生活に欠かせないものであり，船の中でも多く使われています。しかし，電気は使い方を間違えると，多くの損害を与えたり，人を殺傷したりします。

船の中でも，業務中の感電や火傷などを含む電気事故が絶えず報告されています。

甲板機器やポンプなどの多くの機械が屋外にあり，濡れた環境で使用されています。電線や接続部分が適切に維持されていなければ，危険が増します。プラグ，ソケット，電気接続，および電気コード自体に損傷がある場合は，危険性が高まります。

電気を安全に使わないと，火災やその他の重大な事故が発生して，作業者が死傷することがあります。

どのようにすれば良いか

1. 常にアース，回路遮断機などを備えたコードやコンセントを使用してください。水に濡れていたり，腐食性，可燃性のある材料に接触しているところでは，プラグを差し込まないでください。

2. 定期的にすべての接続部分をチェックしてください。適切なコネクタかケーブル結合器を使用して，電線を接続してください。それらが利用できない時，絶縁テープを丁寧に巻いてください。覆っている部分を取らないでください。

   絶縁テープがゆるくなったり，または擦り減ったりしている場合は，テープを取り替えてください。

3．電気接続のためのコネクタか接続器を使ってください。

4．回路遮断器かヒューズで，すべての回路を保護してください。主電源の
　スイッチとブレーカー箱は明確にマークしてください。

みなさんで協力して進める方法

　電気の安全は，特別な技能と経験を必要とします。あなたの会社や，電気工
事士などの専門家から，技術的なアドバイスと支援を受けてください。みなさ
んで協力をして，現場で電気の安全についての簡単なトレーニングをするのも
良い考えです。みなさんで経験を共有して，電気を安全に使うための計画を共
同で提案していきましょう。

＜WIB の改良チェックポイント＞

さらなる改善のヒント

　あなたの作業環境に適した器具を
選びましょう。粗悪品は，電気が
ショートして，怪我や火災による損
害を引き起こすかもしれません。

　コンセントを十分に確保して，過
負荷に注意をしましょう。

　定期的に予防保守を実行しましょ
う。すべての電気製品は正しく使わ
れるべきです。機械が正しくアース
されているかどうかを現場で確認し
てみてください。

図3－9a　注意書き付きのコントロールパネル

図3－9b　電気のマーク付き配電盤

覚えてほしいポイント

　電気器具の適切な選択，接続，お
よびその維持は，事故と損害を防ぐ
ことにつながります。

WIB のチェックポイント 10

非常停止ボタンは，わかりやすく，目立ち，すぐに手が届くところにあります。

<hr>

関連する WIB チェックリストの項目

16. 非常停止スイッチや，停止ボタンははっきり表示します。
21. 表示，スイッチ操作盤は，大きさ，形，色で，簡単に見分けられるようにします。

なぜ必要か

非常時の停止ボタンは，わかりやすく，目立ち，通常の作業をしている場所からすぐに手が届くところに必要です。事故は不意に起きます。機械を操作中に何らかの危険が差し迫った時に，すぐにやるべきことは，まず機械を止めることです。緊急時に，マニュアルを見たり，読んだりするのは難しいからです。

制御パネルの右のボタンがスイッチで，機械を止められるようにします。

非常停止装置は，外部者を含めてわかりやすく，確認できるように目立ち，簡単に手が届くように設計をしなければなりません。

どのようにすれば良いか

1. 作業者の手の届く範囲に，非常時の停止ボタンを付けてください。非常停止ボタンは，他のスイッチやボタンから少し離してください。
2. 制御パネルで，非常停止ボタンが他のボタンの近くにある時は，はっきりとわかるようにしてください。
   一般的に，赤色は非常停止装置に使います。
3. 非常停止ボタンは大きくしてください。
   回転タイプのスイッチは避けてください。
4. 必要に応じて大きく明確な形にしてください。

外国語や説明書きはやめてくださ
い。

みなさんで協力して進める方法

　船内の機械に付いている，非常停
止ボタンを確認しましょう。みなさ
んで，非常停止ボタンの位置と状態
をチェックしてください。見やす
く，手が届きやすくなるように，み
なさんで非常停止ボタンの位置を話
し合ってください。

さらなる改善のヒント

　非常停止装置は黄色い背後に，赤
いボタンや装置が使われます。
　非常時の停止装置は，いつでも使
えるようにしてください。

　覚えてほしいポイント

　わかりやすく，目立ち，簡単に手
が届く非常停止ボタンは，あなた
と，一緒に働く皆さんの命を救いま
す。

＜WIB の改良チェックポイント＞

図 3 － 10a　赤く表示された非常停止装置

図 3 － 10b　他と離れた位置にある非常停止
　　　　　　装置

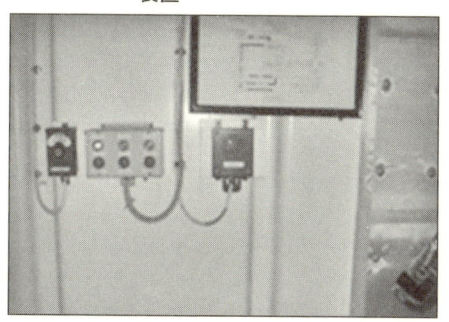

図 3-10c　手の届く範囲に，赤く表示された
　　　　　非常停止装置（操作盤右下）

▌WIB のチェックポイント 11

全体的な照明方法を考えます。

関連する WIB チェックリストの項目

17. 全体照明とともに，機械の陰などで見えにくい部分には，局所照明をつけます。
18. 照明器具は，まぶしさを感じさせない方法で，取り付けます。

なぜ必要か

　照明機器の使用により，時間の削減，仕事の効率の向上，事故やミスを防ぐことができます。照明の適切なレベルは，作業内容や働く人によって異なります。例えば，紙に書かれた文字などを読むときに 60 歳の作業者は，20 歳の作業者よりも 5 倍以上の光を必要とします。適切な自然光と人工照明の提供は，問題を解決します。より良い照明のメリットは，仕事がしやすくなることで，すぐに理解できます。

どのようにすれば良いか

1. あなたの職場を歩いて，自然光だけでは明るさが十分でないところを特定していきます。階段，廊下，扉の後ろや倉庫などもチェックすることを忘れないでください。衝突や転落する可能性があります。
2. すべての電球をきれいに拭いたり，作業場所の配置を変えたり，反射板を使用するなど単純な改善によって，作業効率が劇的に向上します。
3. あなたの職場の照明を考えましょう。自然光と，人工照明の組み合わせを考える場合，作業者に対する光の方向に配慮する必要があります。

みなさんで協力して進める方法

　管理職と作業者で，一緒に照明について調べます。それを安全かつ効率よくするためには，照明がどこに追加で必要なのかを調査します。職場の照明は，

自分の今までの経験を踏まえて検討すべきです。3種類の光源（自然光，全体照明と局所照明）を最も効果的に使用するためのアイデアを出し合います。

さらなる改善のヒント

　影の部分を無くすようにしてください。影は，照明をさえぎってしまい，目の疲れ，疲労，およびミスの原因となります。光源を遮断する障害物がないことを確認してください。照明機器は定期的に点検・清掃をしてください。メンテナンスなしだと，光の量は，数カ月で半分に減少してしまいます。作業者が目の疲れやミスを減らすことができるように，作業場所でのコントラストを最小限に抑えます。

| 覚えてほしいポイント |

　照明を効果的にするために，綿密な計画とメンテナンスが必要です。

＜WIB の改良チェックポイント＞

図3－11a　局所照明

図3－11b　甲板の照明を LED に変えて，明るくなったとともに，燃料の消費が減少

▎WIB のチェックポイント 12

重たいものを持ち上げたり運んだり，取り扱う時は，ローラー，コンベア，玉掛け，その他の機械を使います。

関連する WIB チェックリストの項目

19. 引っかかったり，ぶつけたりする凹凸がないよう整備します。

なぜ必要か

筋骨格系の病気は，最も典型的な職業病です。危険防止の観点から，手作業はやめて，ローラーや台車などを使うべきです。よく自分たちで工夫した物があります。

工夫などしないで，かがんだ無理な姿勢を続けることは，腰や背中の痛みを引き起こす可能性があります。

どのようにすれば良いか

1. ローラーコンベアーなどを使用して，重い物を運んでください。
   荷物の積み下ろしでは，適切な高さで安定した場所に，ローラーの両端を固定してください。
2. 物の持ち上げ，運搬，取り扱いのための設備は，あなたのまわりの現場などから良い事例を学んでください。運搬をしやすくするために，新しい装置を作り出すか，既存のものを改善してください。
3. 床の位置で重い物を動かすときは，車輪のついたパレットを下部に置いてください。
4. 高低差がある場所の間で荷物を移動させるときは，ベルトコンベアーを使ってください。

みんなで協力して進める方法

　台車，コンベア等は，2人以上の人手が必要なことが多いです。それらを改良できるように，考えてみてください。設備や機械を共有できるようにしておいてください。

さらなる改善のヒント

　持ち上げ装置や運搬装置を有効に使用するためには，定期的な点検が必要です。定期的に，ローラー，鉄床，ゴム床などのすべての部分をチェックしてください。

> 覚えてほしいポイント

　物の持ち上げ装置や運搬設備を使うと，安全で楽に，しかも効率的に作業が行えます。

＜WIBの改良チェックポイント＞

図3－12a　ローラーの使用

図3－12b　漁獲物を運ぶための傾斜台とローラー

図3－12c　フィッシュポンプ（海藻を真空で運搬する）

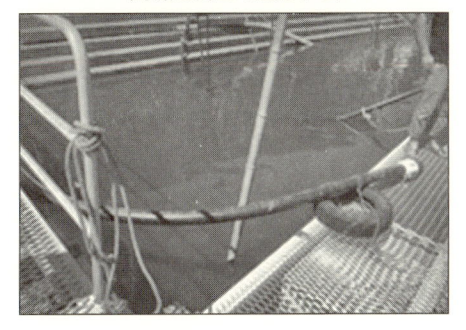

▎WIB のチェックポイント 13

材料と製品を運ぶのに適切な大きさとデザインのコンテナなどを使います。

関連する WIB チェックリストの項目

22. 腰を曲げたり，ひねったりする仕事がないように工夫します。

なぜ必要か

仕事では，さまざまな種類の重い物を運びます。そのためにしばしば背中を痛めてしまい，筋骨格系の病気が発生します。

物を持ち上げたり，運んだり，取り扱ったりする時に，良いやり方を身につけることで，怪我などの危険を減らすことができます。

どのようにすれば良いか

1. あなたが運ぶことができる重さを考慮して，荷物を複数の容器に分けてください。20kg の物を 1 個の容器で運ぶよりも，10kg ずつ 2 個の容器に分けて運ぶ方が良いです。

2. はじめに，運ぶ物の形状，大きさ，重さを調べてみて，それを運ぶのに一番良い容器を使用してください。

3. 簡単に，入れたり，出したり，持ち上げたり，運んだりできるように，丈夫なグリップ（握り手）を付けてください。

みなさんで協力して進める方法

すでに実績のある良い事例から学んでください。それらを応用することから進めてください。

大人数で物を運ぶときに役立つように，同じ形と大きさの容器を使用してください。

さらなる改善のヒント

　小さな容器を選んだ方が，簡単で安全に取り扱うことができます。

　容器の握り部やハンドルは，手袋をしたり，柔らかい布で包んだりしたほうが使いやすいかもしれません。

　物を運んでいる間は，手首はまっすぐに伸ばし，使いやすい位置に保ってください。

　可能であれば，輸送と収納に同じ容器を使用してください。これは二度手間を省くとともに，時間と労力を減らせます。

　重い物を上げるか，または運ぶとき，足元が安定するまで，足を開いてください。

　ひざを曲げましょう。そして，物を少しずつ，スムーズに持ち上げましょう。

　容器などは，収納場所の近くに置きましょう。

覚えてほしいポイント

　軽いほうが，より安全です。

　重い荷物は，分割して軽くすると，安全と生産性が確実に高まります。

＜WIBの改良チェックポイント＞

図3－13a　丈夫なハンドルを付けて，つかみやすい容器

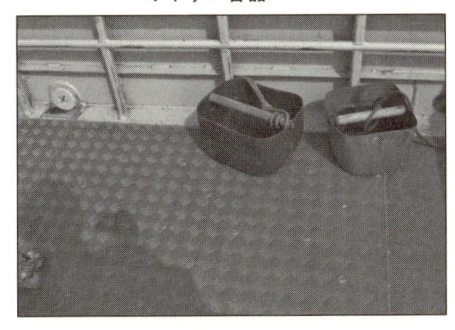

図3－13b　丈夫な握りを付けたいろいろな容器

▌WIB のチェックポイント 14

物を運ぶときには，手籠または，台車などできる限り車輪のついた もので運びます。

┌─ 関連する WIB チェックリストの項目 ─
23. 重量物の運搬には，クレーン，台車，ローラーなどを使います。
└─

なぜ必要か

道具および荷物を運ぶことは，重要な仕事です。台車，手籠などを使うと，作業の負担を少なくするとともに，落下して道具などが壊れることを防ぎ，事故の危険を減少させます。

どのようにすれば良いか

1. 重たい道具や製品，材料を輸送するのに，堅い握り手がある台車か手籠を使用してください。
2. 台車をスムーズに使えるように，できる限り，通路やデッキを改良してください。
3. 安全にしっかりと運ぶことができるように，台車と手籠などを組み合わせてください。

みんなで協力して進める方法

新たな視線で，あなたの職場の中を歩き回ってください。あなたと仲間で，どういう方法で運ぶのが良いか話し合ってください。

自作した台車や手籠を使用するなど，素晴らしい例があるかもしれません。

労働の負担を減少させて，安全と効率を高めるために，知識や経験をみなさんで共有してください。

さらなる改善のヒント

　荷物が落ちることを防ぐために，適切な側板を台車などに取り付けてください。

　運ぶ物や作業内容によっては，適当な台車を選んでください。良い事例を参考にしてください。

　簡単な改良でも，事故の危険を少なくすることができます。通路などをよく保守・点検することで，輸送の効率を良くします。

　覚えてほしいポイント

　輸送をするための設備や道具は，さまざまな種類があります。他船やその他の現場からも良い事例を学ぶことができます。

＜WIB の改良チェックポイント＞

図3－14a　自家製の車輪付きラック

図3－14b　車輪付きスポットクーラー

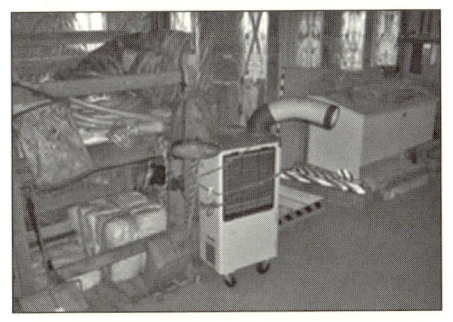

図3－14c　凹凸のない甲板（漁船　甲板）

WIB のチェックポイント 15

作業する時の高さは，ヒジのあたりか，その少し下の高さにします。

┌─ **関連する WIB チェックリストの項目** ─────────────────
│ 24．ヒジの高さで仕事ができるように高さを調整します。
└──────────────────────────────────

なぜ必要か

　作業台を適切な高さにすると，筋肉の張りや筋肉痛を防いで，生産性が良くなります。作業台がヒジの高さになっていると，筋肉の負担を最小にします。この原則は，立った作業にも，座った作業にも適用できます。

　このことは，物を組み立てたり，分類したり，収納したりする仕事で特に重要です。

　高さが低すぎると，姿勢が前のめりになるために，背筋が張り，肩こりや背中が痛むかもしれません。

　逆に，高さが高すぎると，腕や肩を上げ続けなければなりません。

　そうすると筋肉がコチコチになり，そのような姿勢で働き続けるのがきつくなってきます。

どのようにすれば良いか

1．あなたの作業場所，作業台などを見てください。その高さを，そこで主に働いている人のヒジの高さに調整してください。それによって，快適に仕事ができ，かつ効率と生産性が増します。

2．身長の違う人たちが1台のテーブルで働いているときに，小さい踏み台を作って高さを調整してください。これによって，働いている1人1人に合ったヒジの高さに調整できます。

3．物を切ったり，道具を修理したりするなど，大きな力が必要な作業の時には，ヒジの高さよりもわずかに低くなるように作業台を調整してください。

みんなで協力して進める方法

　部品の組み立て，洗浄，漁獲物を分けたり，箱詰めしたりするときは，よくしゃがんだりします。この姿勢は，筋肉の張りと痛みを引き起こします。適切な作業ができるように，ヒジの高さにテーブルや椅子を調整することを勧めてください。働いている皆さんが，できる限り適切な高さで作業できるように考えてみてください。

　適切な高さの良さを，みなさんで評価して共有してください。

さらなる改善のヒント

　あなたが普通に立って作業している状態で，多くの物に簡単に手が届くように工夫してみてください。材料，道具，および容器などは，手の届く範囲に置いてください。

覚えてほしいポイント

　適切な高さで仕事ができるように調整してください。そして，曲げたり，しゃがんだりする姿勢を少なくすることによって，疲労と身体の筋負担を減少させて，生産性が向上します。

＜WIB の改良チェックポイント＞

図 3 − 15a　ヒジ高の姿勢で作業をしている

図 3 − 15b　ヒジ高の姿勢で作業をしている

図 3 − 15c　背の低い人が，高さを調整できるプラットホーム

▎WIB のチェックポイント 16

効率的な組織とチームワークができています。

関連する WIB チェックリストの項目

25. 始業前など，作業者が全員で参加するミーティングを行います。
26. 掲示板などを活用し必要な情報が全員に正しく伝わるようにします。

なぜ必要か

　同じ仕事が繰り返し行われるときに，単調な作業になります。これにより，疲労や，注意力の低下による生産性の低下，あるいは事故が発生するかもしれません。

　作業の内容をローテーション（順番）で変えることで，そのような悪い影響を低減させるとともに，より良い仕事ができます。お互いに協力しあうことによって，生産性の低下や事故を防ぐことができます。

　よく組織化されたチームワークは，効率が増し，生産性を高めます。

どのようにすれば良いか

1. あなたの仕事を考えてみてください。そして，あなたが難しいと思う仕事を確認してください。他の人と共同してそれらの仕事をした場合の良い点を，可能な限り考えてみてください。
2. メンバーと関係者でチームを形成してください。適切な人をリーダーに任命してください。
3. チームで，仕事のスケジュールとローテーションを決めてください。
4. チームのそれぞれのメンバーの能力，仕事の特徴（通常／一時的／季節的，人的／機械のペース），労働の負担度合，他に影響しそうなことなどを考えてみてください。適切な休憩時間を決めてください。

みんなで協力して進める方法

　よく計画されて調整されたチームは，生産的で良く機能しています。

できる限り全員同意の上で，仕事やローテーションのスケジュールについてよく話し合ってから，仕事をしましょう。特に忙しい時期には，いろいろと調整をしてください。

　良いチームワークの事例を，他の船や現場から学んでください。

さらなる改善のヒント

　可能な限り，チームの良いところ，悪いところを表に書いてみましょう。

　個人で働くよりも，チームで働いた方が上手くいくかもしれません。

　良いコミュニケーションは，組織が成功するための鍵になっています。

　機械を使って働いているときは，安全と仕事効率を考えて，機械の速度を調整してください。これが安全を保つために重要です。

覚えてほしいポイント

　良いチームワークは，安全性と生産性を改良します。

＜WIBの改良チェックポイント＞

図3－16a　職場改善のための話し合い

図3－16b　職場改善のための話し合い

▍WIB のチェックポイント 17

使いやすいトイレと洗面施設があり，きれいに掃除をします。

関連する WIB チェックリストの項目

27. 安全で安らぐ休憩場所があり，みんなでコミュニケーションを図ります。
28. トイレや，給水設備などの衛生設備があり，きれいに維持します。

なぜ必要か

清潔なトイレと洗浄施設は，どんな作業場においても，健康を守るために必要です。トイレの不足は，健康に害を及ぼすかもしれません。

ある種の病気は，適切な洗浄施設がないこと，個人的な衛生習慣の不足が原因であると報告されています。

仕事の後に，手と身体を洗うのは，化学物質および他の有害な物質の付着や，感染その他の病気を防ぐのに不可欠です。特に，飲食の前に実施することが重要です。

どのようにすれば良いか

1. 職場の近くに，トイレットペーパーが備えてあり，便座に蓋があり，水が流れるようなトイレを設置してください。これができない場合は，水のタンクなどで代替する手段を考えてください。
2. 遠く離れた場所では，簡易な便所を作ることを考えてください。
3. 石鹸を置いて，手を乾かす手段を提供してください。洗面台は，手と腕が洗えるぐらい大きくなければなりません。
4. 設備を清潔に保ってください。

みんなで協力して進める方法

必要な掃除や，備品を絶やさないように考えてください。

さらなる改善のヒント

　可能であれば，男女別々の設備を付けてください。

　個人的にも，良い衛生の習慣を身につけましょう。排便の後は，必ず手を洗いましょう。

　仕事中に，トイレを我慢するようなことがないようにしてください。これは健康に害を及ぼします。携帯用トイレなど，他に可能な手段を考えてください。

覚えてほしいポイント

　簡単に行ける清潔なトイレと洗面施設は，健康で生産的な職場には必要です。

＜WIB の改良チェックポイント＞

図 3 － 17a　きれいな水洗トイレ

図 3 － 17b　石鹸とペーパータオル

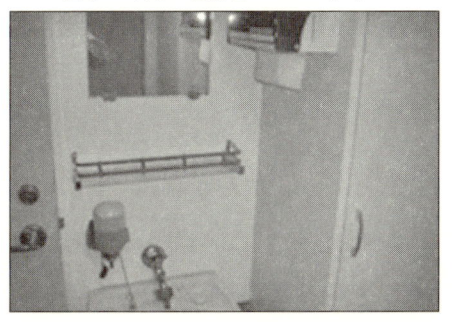

図 3 － 17c　小さな漁船に設置されたトイレ

第4章

よい改善写真事例集

図4-1 スロープによる段差の解消

図4-3 わかりやすい表示

図4-2 清掃が行き届いている

図4-4 表示の工夫（札の活用）

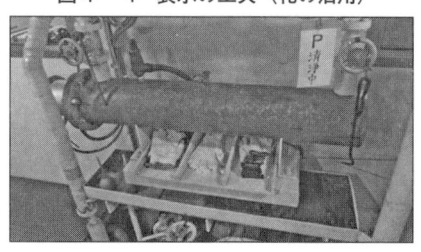

図4-5 吊るして補給部品をわかりやすく

図4－6　異常事態を知らせるランプ

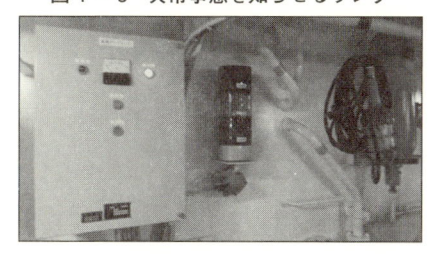

図4－7　整理整頓

図4－8　スイッチの色分け

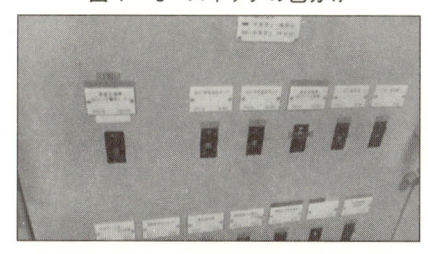

図4－9　階段の滑り止め

図4－10　避難経路の表示

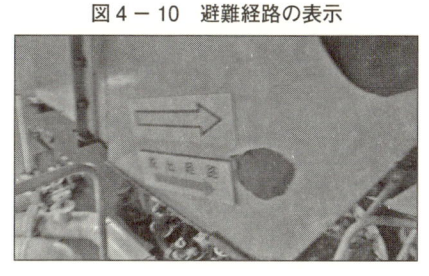

図4－11　作業手順を表示する

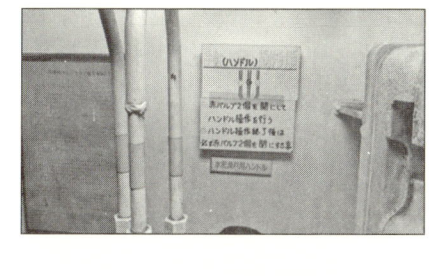

図4－12　ゴミの分別

図4－13　作業マニュアルを写真と文章で現場に表示

図4－14　作業のポイントを表示

図4－18　キャビネットを色分けで表示

図4－15　確認をすべきことを表示

図4－19　工具を大きさ順に並べる

図4－16　作業のポイントを図で表示

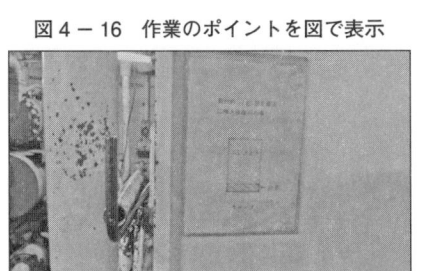

図4－20　部品を吊るしてわかりやすく

図4－17　作業の内容を図で表示

図4－21　頭上には保護材と警戒塗装

図４－22　作業のコツを表示

図４－26　必要な場所に表示を付加

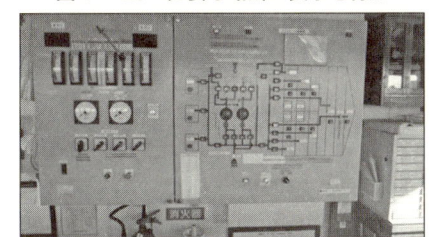

図４－23　スケジュールをボードに表示

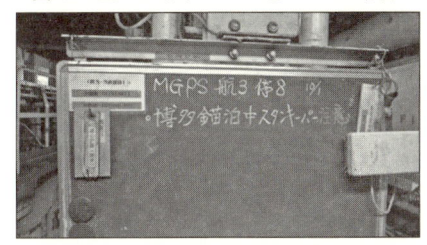

図４－27　ボードを使って情報の共有

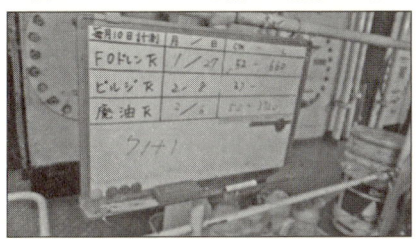

図４－24　ひじの高さで作業できる作業台

図４－28　古いロープを活用した滑り止め

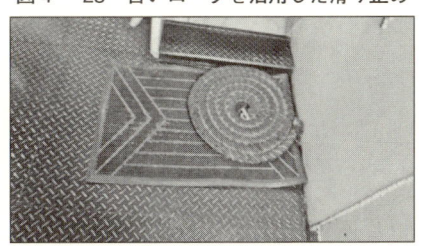

図４－25　棚を使って整理整頓

図４－29　掃除道具をわかりやすく吊す

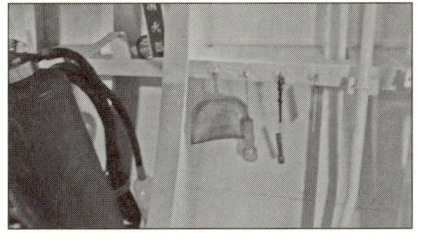

図4-30　いつでもお茶が飲める

小型フェリー

図4-31　落下しない工夫

1.落下しない工夫

図4-34　コンテナを使って整理整頓

4.コンテナを使って整理整頓

図4-32　重いものは台車を活用

2.重いもののは台車を活用

図4-35　滑り止めを付ける

5.滑り止めをつける

図4-33　棚にわかりやすいラベル

3.棚にわかりやすいラベル

図4-36　日よけを付ける

6.日除けをつける

図4－37　ガードの取り付け

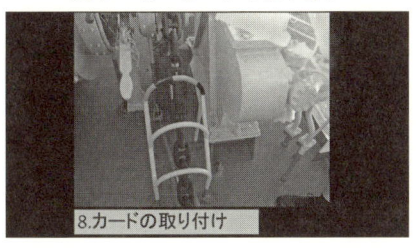

8.カードの取り付け

図4－41　暗い部分に照明確保

13. 暗い部分に照明確保

図4－38　掲示板を使い情報の共有

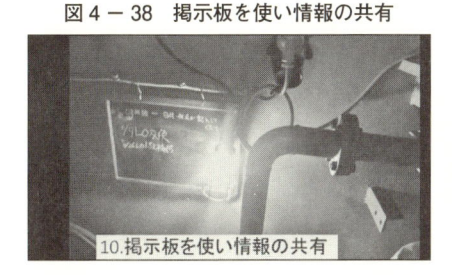

10.掲示板を使い情報の共有

図4－42　客室への通路を明確にする

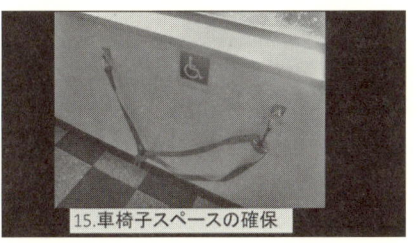

14.客室への通路を明確にする

図4－39　滑り止めを付ける

11.滑り止め使い上りやすく

図4－43　車椅子スペースの確保

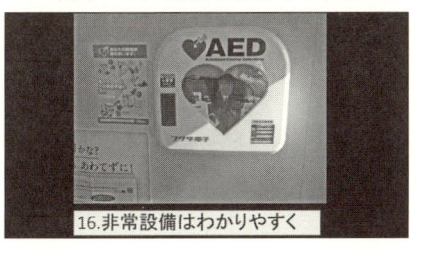

15.車椅子スペースの確保

図4－40　作業のポイントを明示

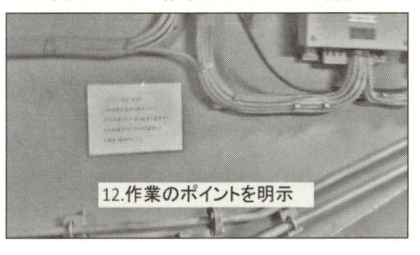

12.作業のポイントを明示

図4－44　AED をわかりやすく

AED

16.非常設備はわかりやすく

図4－45　衛生用品の常時提供

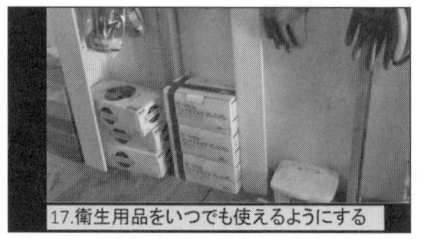

17.衛生用品をいつでも使えるようにする

図4－49　見えにくいところにミラー

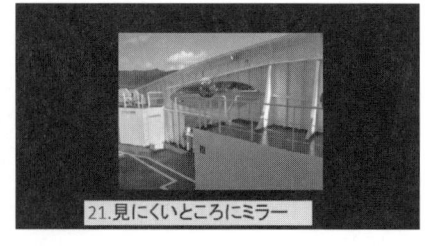

21.見にくいところにミラー

図4－46　ごみの分別

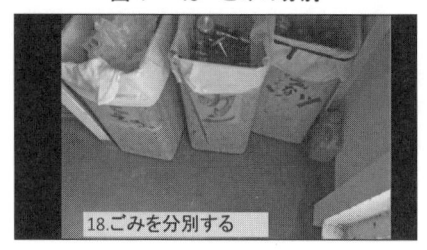

18.ごみを分別する

図4－50　独自の安全資料

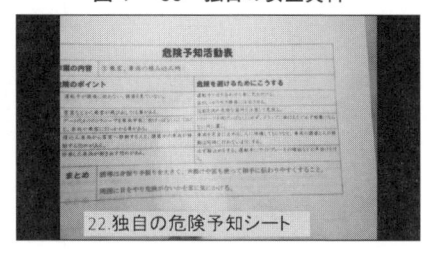

22.独自の危険予知シート

図4－47　必要な棚を作る

19.手製の棚を作る

図4－51　吊り具を使って整理

23.吊り具を使って整理

図4－48　角には保護材

20.角には保護材をつける

小型旅客船

図４－52　多言語による案内板（日，英，中，韓）

図４－56　頭上注意の警戒マークと保護材

図４－53　各座席の下にライフジャケット

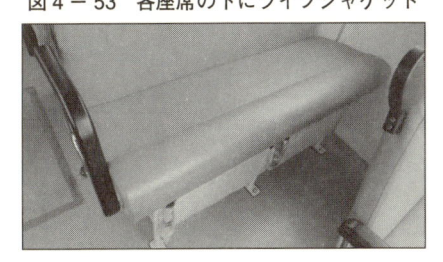

図４－57　頭上注意の警戒色と保護材

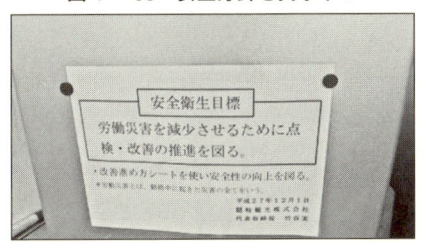

図４－54　ライフジャケットの使い方の説明

図４－58　安全方針を掲示する

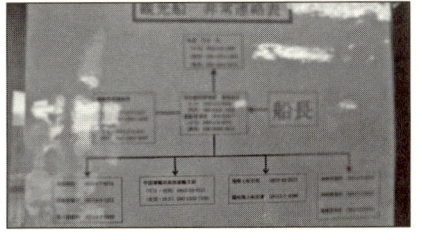

図４－55　車椅子の置き場

図４－59　非常時連絡表の整備

作業船

図4－60　保護具，救命胴衣の着用

保護具、救命胴衣の着用

図4－64　担当者を明確にする

担当者を明確にする

図4－61　通路の確保と明確な表示

通路の確保と明確な表示

図4－65　壁面を使って収納

壁面を使って収納

図4－62　危険個所の表示

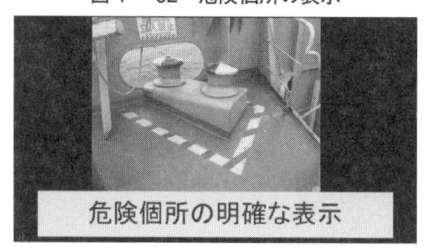

危険個所の明確な表示

図4－66　突起部への警戒塗装

突起部への警戒塗装

図4－63　ロープに目印を付ける

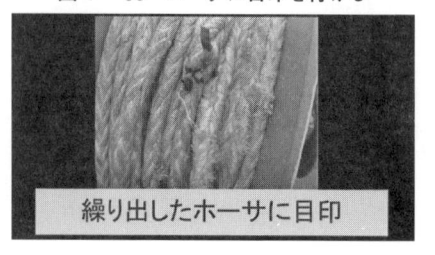

繰り出したホーサに目印

図4－67　ネットを使って整理整頓

網を使って整理整頓する

図4－68　吊り具で整理整頓

筒状のモノは針金を活用

図4－72　乗下船の安全確保

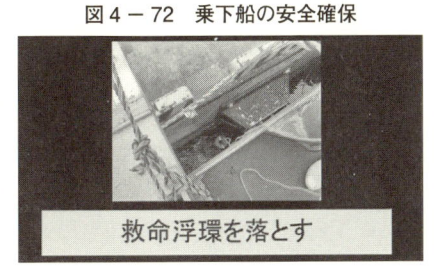

救命浮環を落とす

図4－69　小まめに清掃

よく清掃する

図4－73　確認事項を表示

確認事項を、目の届く範囲に

図4－70　篭を使って整理整頓

篭を使って小物をまとめる

図4－74　必要な時に水分補給

必要な時に水分補給

図4－71　クレーン操縦席に空調整備

操作室に空調を整備

図4－75　適度な運動

適度な運動をする

78

図4－76　必要な情報を表示

図4－80　干物の作製（レクレーション）

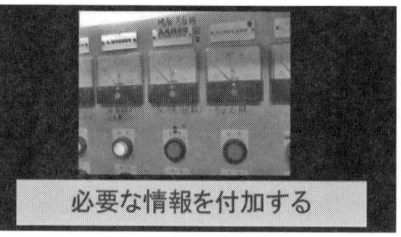

図4－77　ゴミの分別

図4－81　ステップの警戒色塗装

図4－78　手の届く範囲に物を置く

図4－82　線を引いて通路の確保

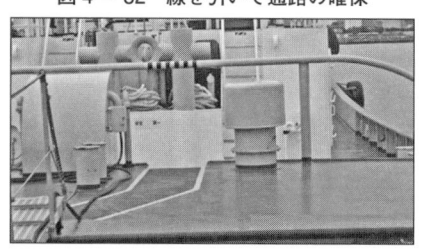

図4－79　掲示板を使っての情報共有

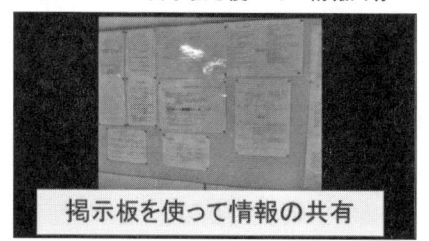

図4－83　必要なところに警戒塗装

イカ釣り漁船

図 4 － 84　頭上注意の警戒色塗装

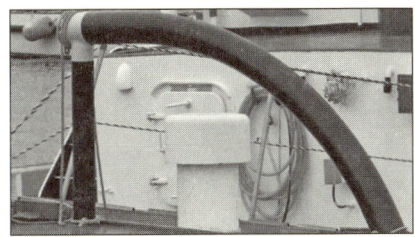

図 4 － 87　ひじの高さでできる作業台

図 4 － 85　回転体に警戒塗装

図 4 － 88　日除けがある

作業船

図 4 － 86　ライフジャケットの着用

図 4 － 89　コンテナを使って整理整頓

底曳網船

図4－90　回転体にカバーを付けている

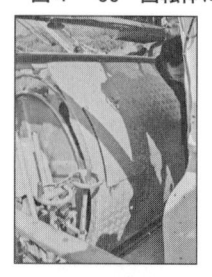

図4－91　コンテナによる収納

図4－92　操作部を色分けしている

図4－93　回転体に警戒塗装をする

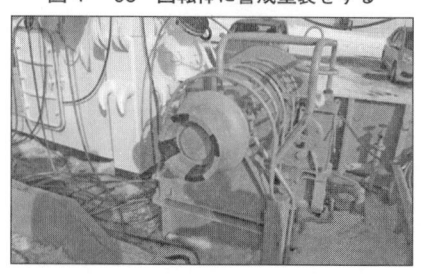

図4－94　コンテナを使って整理整頓

図4－95　滑り止めのマットを敷く

図4－96　甲板に監視カメラを付ける

図4－97　滑車を警戒色で塗る

定置網漁船

図 4 − 98　階段に警戒塗装をする

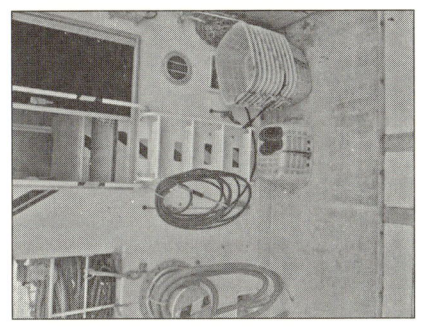

図 4 − 101　改善作業をする

図 4 − 99　滑り止めを付ける

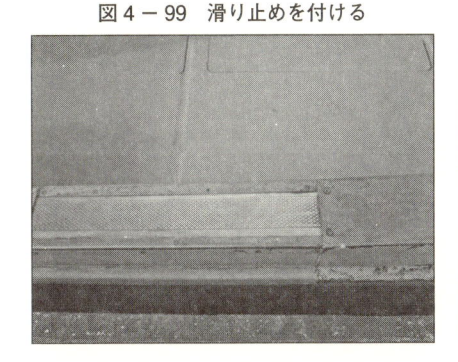

図 4 − 102　全員で安全点検を行う

図 4 − 100　コンテナを使って整理整頓

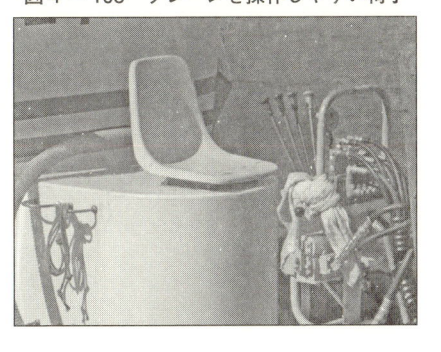

図 4 − 103　クレーンを操作しやすい椅子

図4－104　凸凹部分にカバー

図4－107　ロープを吊るして整理整頓

図4－105　トイレが付いている

図4－108　スイッチ類にはカバー

図4－106　蓋が平らで段差がない

第5章

みんなが健康に働ける職場づくり

（協力　神戸マリナーズ厚生会）

人の身体を機械（船）にたとえると

　いつ病気で倒れるか誰にもわかりません。ただし，健康を保つことで，病気を回避することはできます。

　みなさん，自分の身体を船やエンジンにたとえて，想像してください。整備不良で，管が至る所で詰まっています。そこに，どろどろの重油を補給したら，いつエンジンが止まってもおかしくない状態です。シャフトやピストンが，いつも十分に動かしていないものですから，錆びついてスムーズに動きません。煙突も煤だらけで，排気が船内にたまっています。燃料や水の補給も十分にありません。余計な荷物を積みすぎて，船の動きが悪くなっています。

　あなたは果たして，こんな船で航海や漁に出ようと思いますか。「そんな整備不良の船，誰が乗るのか，ちゃんと整備しろよ」と言いたくなります。当然です。もちろん，そんな船はめったにありません。

　しかし，船を人間の身体にたとえると，よくあることかもしれません。

詳しく説明すると・・・

　整備不良で，管が至る所で詰まっています。

　⇒ 煙草の吸いすぎで血管が細くなっています。肉ばかり食べて，栄養のバランスが悪く，血管が痛んでいます。

どろどろの重油を補給したら，いつエンジンが止まってもおかしくない状態です。

⇒ 野菜を食べずに脂の多いものばかり食べるから，どろどろした血が流れています。

シャフトやピストンが，いつも十分に動かしていないものですから，錆びついてスムーズに動きません。

⇒ 働いていても，同じ姿勢や同じ筋肉しか使わないために，身体の動きが悪くなって，腰痛などになるかもしれません。

煙突も煤だらけで，排気が船内にたまっています。

⇒ 煙草の吸いすぎで，肺の機能が衰えています。

燃料や水の補給も十分にありません。

⇒ 水分が足りないと熱中症になります。栄養が偏っていると，さまざまな機能障害が起こります。

余計な荷物を積みすぎて，船の動きが悪くなっています。

⇒ 過食による肥満で，身体の動きが悪くなっています。

船にはちゃんと整備しろと言いますが，あなた自身は大丈夫でしょうか。そんな身体の状態で，あなたは航海や漁に出ようと思いますか。自分の身体が「整備不良」と思った方，人の身体は工具や機械で治すものではありません。自然治癒力で，少しずつですがよくなろうとしています。ところが，あなたの暴飲暴食，喫煙，運動不足が，身体がよくなろうとしていることを邪魔しているのです。それならばどうすればよいでしょうか。少しずつでも，生活習慣を改めて，あなたの身体がよくなろうとすることを手助けしてあげればよいのです。

次の対策編をよく読んでいただいて，できることから実行してみてください。あなたの身体を良くするのも，悪くするのも，あなた次第です。

まずは，必ず健康診断を受けましょう。船にドックがあるように，あなた自身にも定期点検が必要です。そして，悪いところを直していきましょう。

船内でできることをやってみよう‼

① 循環器系の対策

循環器系は，船の中の不規則な生活，塩分や脂分が多い生活で，脳溢血や脳卒中などの病気になりやすいです。不規則な生活でも，なるべく休めるときは休みましょう。

煙草も控えましょう。

航海中や漁労中に倒れたら，仲間の乗組員をはじめ，いろいろと迷惑をかけてしまいます。

後遺症が残ったら，船で働けなくなるかもしれません。

② 消化器系の対策

消化器系は常時，振動の影響を受けています。

胃腸などの消化器系に，いつも負担がかかっています。

船でよく見られる早食いを止めて，箸を休め，会話をしながら，ゆっくりよく噛んで食べましょう。お酒も控えめに，休肝日を作りましょう。

船もエンジンも過負荷が続くと，オーバーヒートしてしまいます。あなたの胃腸も負担が大きすぎると，壊れてしまいますよ。

③ 筋骨格系の対策

筋骨格系は，腰痛など体の一部を酷使するために発生します。もちろん，船で働く方々は，身体を酷使しています。網などを引いたり，ロープを持った

り，腰をやや折り曲げた中腰姿勢で働いていませんか。漁労作業があり，身体を酷使する漁船でも同じ姿勢を続けていると，血の巡りが悪くなり，身体に疲労物質がたまってしまいます。軽いジョギングや，船が狭ければスクワットや簡単な体操をお勧めします。

　船の中でも簡単に短時間でできるように，「背反らし体操」，「背伸ばし体操」があります。2種類でほんの3分でできる体操です。他の船で効果が出ています。ぜひ，実施してみてください。

　④　感染症対策

　船内で感染症が発生すると，みんなで共有する狭い空間ですので，あっという間に広まってしまいます。特に，外航船では感染症の発生率が高くなっています。感染症の予防に心がけましょう。

　肉や魚を触ったらよく手を洗う，包丁などは1回ごとに除菌する，風邪をひいたときなどはマスクをするなどが対策になります。海外での停泊時などには，ご注意ください。

　⑤　呼吸器系の対策

　まずは煙草です。船の中のストレスの解消手段として，煙草を吸う方が多いのですが，本人が病気になる確率が高くなります。また，狭い船内で煙草を吸うことで，他の人の健康も害してしまうかもしれません。家庭でも同様です。

　現在は，国を挙げて喫煙問題に取り組んでおり，禁煙を促進するためのいろいろな禁煙グッズもあります。口が寂しいと思ったら，いろいろなグッズを試してみてください。病院の禁煙外来を受けると，より効果的です。

　船の中でも少しずつ禁煙が進んでおり，船員の喫煙率も下がっています。実際に長期間船に乗っていると，気軽に煙草を買える状況ではありません。禁煙の取り組みを始めたら，他の人からもらわずに頑張ってみてください。船全体で取り組むと効果的です。

　三重県のまき網漁船で，漁労長の音頭で船内を禁煙にした事例もあります。

青森県むつ市では，地域ぐるみで禁煙に取り組んでいます。煙草の代わりを見つけて，禁煙に取り組んでみてください。

⑥　飲酒について

お酒は百薬の長とも言いますが，飲みすぎるとさまざまな病気のリスクが高まります。

週2日の休肝日を設けて，1日に飲む量を適量（ビール500ml）にすれば，病気になる確率が大幅に減ります。煙草と同様に，実際に船に乗っていると，気軽にお酒を買える状況ではありません。船全体で節酒に取り組むとよいでしょう。口が寂しくなったら，お茶などを飲み，会話を楽しみましょう。

⑦　肥　満

肥満の原因は，消費するカロリーよりも大きなカロリーを摂取することです。食べる量を減らすのがコツです。ゆっくり，よく噛んで食べることによって，満腹の中枢神経が刺激されて食べすぎを防いだり，唾液の分泌を促して胃を守ります。繰り返しになりますが，特に船員さんは，早く食べる傾向があります。早く食べると満腹感を感じられず，ついつい食べ過ぎてしまいます。お代わりをする時は，箸を一度置いて，ゆっくりと食べましょう。実際に船に乗っていると，煙草やお酒と同様に，気軽にお菓子やおつまみを買える状況ではありません（魚は釣れますが）。健康的な食事を心がけて，身体全体を良くしてください。

⑧　ストレスの解消方法

ストレスの解消には，音楽を聴いたり，歌を歌ったり，みんなで会話をしたりなどいろいろな方法があります。長い間，同じメンバーで一緒にいると時々いやになったり，いがみ合ったりもします。それは，よくあることです。親子だって，兄弟だって，夫婦だってあることです。大切なことは，後々まで腹にためない，気分転換を図ることです。

　いやなことがあったとしても，目の前には海が広がっています。皆さんは，海や船が好きで船乗りにあこがれて，船乗りになった方が多いと思います。

　原点に返って，「船は狭いな，小さいな」ではなく，「海は広いな，大きいな」と思ってください。

健康診断受診のお願い

　まずは，健康診断を受けましょう。船と一緒です。そして，少しずつ治していきましょう。

　特に，がんは早期発見が重要です。船によっては全員で受診するのは難しいかもしれませんが，休暇の時に必ず受診してください。その結果，悪いところがあれば，少しずつよくしていきましょう。船員の健康診断の受診率は，一般に比べて低くなっています。それで病気になり，船員の疾病率が陸上に比べて高くなっている要因かもしれません。

　青森では漁協の事務所に検診車がとまり，そこが拠点となって地域全体の検診を行って船員ばかりか，地域の健康診断の受診率の向上に役立てています。繰り返しになりますが，船で病気になると，すぐに救命できず，治療が遅れて取返しがつかないことになります。船の仲間や家族に多大な迷惑をかけるかもしれません。ぜひ，皆さんで受診をしましょう。

　本稿は，船員版 仕事別なりやすい病気と改善策」として国土交通省が策定した「平成 31 年度船員災害防止実施計画」P21，22 にコラムで紹介されています。http://www.mlit.go.jp/common/001274451.pdf　ぜひ，みなさんの職場でも実施してみてください。

船員の健康チェックリスト

　チェックリストに目を通して，項目ごとに進めてください。改善が必要となった場合，項目に記述されている内容が，改善の具体的方法を示しています。チェックリストに目を通して，「すでに実施」「提案します」「優先」にチェックしてください。14 項目のうち「提案します」にチェックを付けた中で，「優先」が付いている優先順位が高いものを 3 つ選んでください。

この提案を採用しますか？

1．運動を継続して行う工夫をしている。　□すでに実施　□提案します → □優先

2．みんなで話し合って節酒に心がける。　□すでに実施　□提案します → □優先

3．バランスがとれた食事を続けている。　□すでに実施　□提案します → □優先

4．船全体で禁煙に取り組んでいる。　□すでに実施　□提案します → □優先

5．短時間でも，背筋を伸ばす習慣がある。　□すでに実施　□提案します → □優先

6．音楽をかけるなどして，ゆっくり食べる。　□すでに実施　□提案します → □優先

7．健康診断の受診をお互いに促進する。　□すでに実施　□提案します → □優先

8．食べ過ぎに気をつける。　□すでに実施　□提案します → □優先

9．健康についての情報を適時提供する。　□すでに実施　□提案します → □優先

10．感染症の情報を適時提供する。　□すでに実施　□提案します → □優先

11．衛生計画について全員で話し合い，実行する。　□すでに実施　□提案します → □優先

12．職場内の問題を同僚間で話し合い，相互協力する雰囲気を高めている。　□すでに実施　□提案します → □優先

13．作業場で安全な飲み水など水分を補給するための適切な設備，器具を備える。　□すでに実施　□提案します → □優先

14．健康に取り組んだ人を表彰する。　□すでに実施　□提案します → □優先

こころの健康づくり（含むパワハラ防止）改善のためのチェックリスト

久宗周二・小木和孝

このチェックリストは，メンタルストレスを低減するためのものです。

現在，多く使われているメンタルヘルスチェックリストは，ストレス度合いを測るものですが，本チェックリストは，ストレスの低減を目指して，生活を改善する対策志向型チェックリストです。併せてハラスメントの防止にもなります。ぜひ，職場で活用をしてみてください。

問　題　ストレスをなぜ感じるか

原　因　自分の思い通りにならない。

（例）思ったことをやってくれない，みんなが理解してくれない，言うことを聞かない，違うことを言ってくる，席に座れない，タバコ臭い，先に進まない，など

（解決方法） ストレスを低減するにはどうすればよいか・・・

→ 世の中が自分の思い通りになる，それは無理。

→ 自分の思い通りにならなくても気にしない。

落ち着いて，自分のできる範囲で他者とコミュニケーションをとり，見返りを気にしない。

「人の一生は，重荷を負うて遠き道をゆくがごとし。急ぐべからず」（徳川家康）

相手に過剰に期待しない，いろいろなことを過剰に期待しなければ，ストレスは減ります。他人は自分の考えた通りに動きません。自分自身が他人の考えで動かないのと同じです。要は自分の気の持ちようです。他人に過剰な期待をしないで，まずは自分のできることからやってみます。お互いに理解しようという気持ちで接します。

個人でコントロールできるもの　⇔　頑張る　（例）勉強，技能の習得，等

個人でコントロールできないもの　⇔　期待通りでなくても気にしない。

（例）人間関係，環境，社会
的事象，過去の出来事

（管理者向け）

　他人のためといっても，相手が理解をしていなければ上手くいきません。ベテランと若手の年齢が離れている中で，自分たちの受けてきた指導法が，今はパワハラになることがあります。相手と意思疎通をすることが重要です。船は，3 カ月以上連続の乗船もあり，特に小型内航船は，少人数乗組における職住一体となっています。

（具体的対策） 決めつけた言い方をしない（先入観で物を言わない）。自分がやられて嫌だったり，嫌がることを相手に押し付けない。自分の言葉を相手がどう受け止めるか考えてから話をする。仲間外れにしない。無視をしない。お互いに，話しやすいこと（天気など）から話をする。偉そうな態度を取らない（上から目線の物の言い方はしない）。

　居心地の悪い船は，船員が定着しません。常識を逸した嫌がらせなど，ひどい仕打ちを受けたら，その場からの離脱も選択肢にあります。人がいなければ，船を動かすことができません。トゲのある言葉や行動は，結局，自分の身に返ってきます。管理する側は，特に相手の身になって理解する必要があります。

　☆ただし，海上の作業は危険が伴うことも多く，事故や怪我の防止のために，緊急事態には大声などによる指導も必要です。

　本稿は「久宗周二・小木和孝・神戸マリナーズ厚生会 編 こころの健康づくり」として国土交通省が策定した「平成 31 年度船員災害防止実施計画」P24 のパワーハラスメントとメンタルヘルス対策の参考資料として紹介されています。ぜひ，みなさんの職場でも実施してみてください。

具体的な対策

　内航船事業者，土砂運搬船，沖合漁船の事業者に，具体的な対策についてヒヤリングをしました。

・訪船中に個人面談を実施する。

・ドック中に乗組員で食事会（月 1 回），社員旅行

・提案・表彰制度

・運動器具を設置して，船員に運動を促す
・メンター制度の活用
・新人の技量を客観的に測るために，チェックリストでチェック
・wifi の導入を検討

メンタルヘルス改善チェックリスト

　チェックリストに目を通して，項目ごとに進めてください。改善が必要となった場合，項目に記述されている内容が，改善の具体的方法を示しています。チェックリストに目を通して，「すでに実施」「提案します」「優先」にチェックしてください。12項目のうち「提案します」にチェックを付けた中で，「優先」が付いている優先順位が高いものを３つ選んでください。表5－1のフォローシートを使って記録してください。

　　　　　　　　　　　　　　　　　この提案を採用しますか？

1．定期的にミーティングを行う。　　　　□すでに実施　□提案します → □優先

2．仕事の進め方をみんなで話し合って決める。　□すでに実施　□提案します → □優先

3．全員に必要な情報を共有する。　　　　□すでに実施　□提案します → □優先

4．掲示板・白板などに情報を掲示する。　□すでに実施　□提案します → □優先

5．課外活動やインフォーマルなミーティングな
　どを実施する。　　　　　　　　　　　□すでに実施　□提案します → □優先

6．お互いに協力する雰囲気を作る。　　　□すでに実施　□提案します → □優先

7．職場内の問題解決で上司と協力する。　□すでに実施　□提案します → □優先

8．相手の立場になって考える。　　　　　□すでに実施　□提案します → □優先

9．相手のことを配慮理解する。　　　　　□すでに実施　□提案します → □優先

10．相手に強要したり，プレッシャーを与えるこ
　　とを防ぐ。　　　　　　　　　　　　□すでに実施　□提案します → □優先

11．一人になる場所，没頭できる趣味がある。　□すでに実施　□提案します → □優先

12．心の相談をできる場所がある。　　　□すでに実施　□提案します → □優先

グループミーティング・改善の実施

　「健康チェックリスト」「メンタルヘルス改善チェックリスト」をグループ全員で実施してみてください。

　次に，優先的に改善すべき事項を，部署ごとに話し合いをして 3 つに絞ります。

　まずは，その 3 つについて実際に改善していきます。それを下記フォローシートに記入しましょう。

　次のステップとして，表 5 - 1「フォローシート」に自分の職場に合った実施方法，期間を記入します。必要なものがあれば，会社と話し合って手配してください。

　実施した結果どのようだったかを記入して，もし，うまくいかなかったら，備考欄に，次にどうするか記入しましょう。うまくできたら社内で表彰するのも促進する方法です。

　チェックリストとともに保管をしましょう。

　初めに挙げた 3 つの改善が終わったら，次の 3 つの改善項目を選んで継続的に実施します。

　チェックリストによる点検を定期的（年数回）に実施して，改善活動を継続的に行います。

表 5 - 1　フォローシート

改善すべき項目	実施方法 どのようにするか	期間 いつまでにするか	結果 どうだったか	備考 さらに，どうする
1.				
2.				
3.				

―――――――――― 第6章 ――――――――――

WIB方式船内労働安全衛生マネジメントシステム

6.1 概　要

①　マネジメントシステム計画表に記入する。(Plan)（表6－2）

　方針・目標は，なるべく短く，わかりやすく。誰にでもわかりやすく（1行でもよし）。

　組織は，実際に担当する人にお願いしましょう。

　計画は，無理なくできることから書きましょう。

②　計画に沿って，みんなで力を合わせて実施していきましょう。(Do)

　WIB自主改善活動は，簡単な「チェックリスト」を使って，全員が船内のリスクアセスメントをできます。

　改善は，「改善の進め方シート」を用いて，時間があるときに少しずつでも進めましょう。

　必要に応じて，安全や衛生の講習会を実施しましょう。

　月に一度は，短時間でもよいので安全衛生の会合を開きましょう。メモで良いので記録をとりましょう。

　必要に応じて，専門家からアドバイスを受けましょう。

③　1年間実施したら，振り返りましょう。(Check → Action)

　改善は予定通り進められましたか。

図6-1　船内労働安全衛生マネジメントシステムの概念図

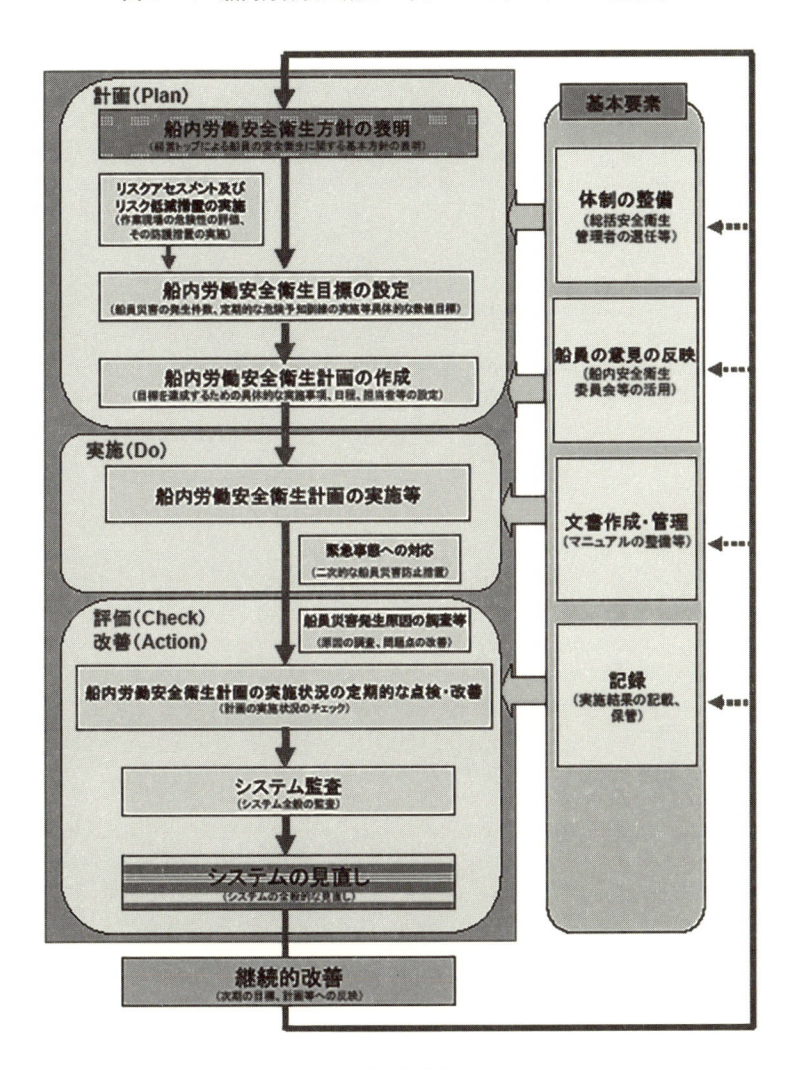

出所：国土交通省のホームページより引用。

安全や衛生の講習会は実施できましたか。

安全衛生の会合は実施通りできましたか。

達成状況により，外部機関から認証と，専門家からアドバイスを受けましょう。

予定通りできなかったことは，なぜかをみんなで話し合いましょう。

その結果を来年に生かしましょう。

国土交通省が策定した「平成31年度船員災害防止実施計画」の船内における安全衛生管理体制の構築及び推進の中で，「船舶所有者は，船内の安全衛生水準を継続的に向上させるため，PDCAサイクルをベースとするWIB式船内労働安全衛生マネジメント体制に取り組む。」とされています。http://www.mlit.go.jp/common/001274451.pdf　ぜひ，みなさんの職場でも実施してみてください。

6.2　マネジメントシステムは難しいか？

計画 → 実行 → 確認 → 改善
実はいつもやっていることです。

事例①　毎日の操業
　① 漁に出る前に，今日どれくらい魚が入るか，水温，天候，実績からあたりをつける。(それが実は計画)
　② 実際に獲ってみる。(実行)
　③ 思った通り，たくさん獲れた，など。(確認)
　④ 次は早めに出かける，やり方を変える。(改善)

事例②　パチンコ必勝法
　① 今日はどの台で勝負するかあたりをつける。(それが実は計画)
　② 実際に並んで，勝負する。(実行)

③　思った通り，全然だめだった。（確認）

④　次は違う台を狙う，攻め方を変える。（改善）

事例③　船のメンテナンス

①　ドックの時に，傷んだものをどれくらい修理するか，あたりをつける。（それが実は計画）

②　実際にドックに入れる。（実行）

③　思った通り，結構直した。（確認）

④　次は修理するものを考える，丁寧に使う。（改善）

事例④　船内の安全

①　船をどうやって改善するか，どのように日常点検をするか，あたりをつける。（それが実は計画）

②　実際に実施する。（実行）

③　思った通り，まだ，不十分だった。（確認）

④　次はどうしようか考える。（改善）

（進め方のポイント）

①　初めに，方針と今年の目標，誰が担当するか，どうするか決めるだけ。（計画）

②　みんなでやり方を考える。みんなで決めたことを守る。（実行）

③　できたこと，できなかったことを確認する。（確認）

④　できなかったことについて，やり方を工夫する。（改善）

6.3　WIB 方式　船内労働安全衛生マネジメントシステム

「簡単」，「短時間」，「効果的」なマネジメントシステム

　WIB 方式船内労働安全衛生マネジメントシステムはどうすれば良いか，弱

小野球チームを立て直す話を例にして説明します。はじめに野球にたとえた表6－1の左側を読んで，次に船の安全を例にした右側の話を読んでみてください。

表6－1　野球チームにたとえる労働安全衛生マネジメントシステム

野球にたとえると	→ 船の安全衛生に置き換えると
1．他の強いチームを参考にする 良いことは取り入れたい	1．他の船の事例を参考にする → 良い改善事例の投票
2．メンバーがチームの弱点を把握する チャンスで打てない，どこでエラーが多い	2．メンバーがチームの弱点を把握する 危ない場所や，仕事がやりにくい場所はないか全員で職場を点検 → WIBチェックリスト
3．メンバーが弱点を話し合い，計画を立てて改善する いつまでに，何をやるか（素振り，筋トレ・・・）。	3．メンバーが弱点を話し合い，計画を立てて改善する いつまでに，何をやるか（ペンキ塗りなど・・）→ 改善の進め方シート
4．監督は試合に勝てるように，戦略を組む ① 監督の方針を決める 　→ チームとして○○する ② 方針にのっとって役割分担を決める 　主将○○，マネージャー○○ ③ 当面の目標を決める 　今年は守備力の強化に重点を置く ④ いつ，何をするかスケジュールを決める 　ミーティング○曜日，チームの点検○月	4．労働災害を減らし，労働安全衛生が向上するように，戦略を組む ① 方針を決める 　→ 会社として○○する ② 方針にのっとって役割分担を決める 　社長○○，船長○○ ③ 当面の目標を決める 　今年は改善強化に重点を置く等 ④ いつ，何をするかスケジュールを決める 　ミーティング○曜日，点検○月
5．1年間たって，結果を出せたか振り返る 問題があったら増強する 守備は向上，打撃が今ひとつ → 強化	5．1年間たって，結果を出せたか振り返る 問題があったら増強する 安全は向上，衛生が今一つ → 強化

　下記の表（表6-2）に，自分の組織のマネジメントシステムを記入して，活用してください。表6-3の実際の記入例を参考にして記入してください。

表6-2　WIB方式船内向け自主改善活動マネジメントシステム計画表（記入用）

方針の表明	
推進メンバー **役割と責任** *経営トップの責務，要員の責任・権限*	社長 監督 船長
安全目標 **具体的な目標**	
活動計画（実施頻度，時期） *情報伝達及びコミュニケーション* *事故，ヒヤリ・ハット情報の収集・活用* *文書の作成及び管理* *記録の作成及び維持*	1．ミーティング（労働災害・運航を含む） 　（　回　／月・年） 2．職場点検（労働災害・運航チェックリストなど） 　（　回　／月・年） 3．改善の実施（労働災害・運航を含む） 4．教育・訓練（労働災害・運航を含む　例　講習会など） 　（　回　／月・年）
活動内容の確認 ＊記録は別紙 　同時保存	1．ミーティング（労働災害・運航を含む） 　（　回　／月・年） 2．職場点検（労働災害・運航チェックリストなど） 　（　回　／月・年） 3．改善の実施（労働災害・運航を含む） 　（　回　／月・年） 4．教育・訓練（労働災害・運航を含む　例　講習会など） 　（　回　／月・年）
活動の評価（自己評価）	良くできた・ややできた・ややできなかった・できなかった
次の活動へ	（振り返り） （良くすべき点）

表6－3　記入事例　（実際，まき網漁業会社で使われているものです）

WIB　船内向け自主改善活動　マネジメントシステム	
方針の表明 (1) 船内労働安全衛生方針	安全で安心して働ける職場環境の構築 〔1行で良い。自分の思いを書いてください〕
推進メンバー **役割と責任** (2) システム担当者の役割、責任及び権限	社長　■■■■　（総括安全衛生管理者） 責任者　■■■■　（事務局、システムの監査） 船長　■■■■■ ■■■■　〔担当者の名前をいれてください。〕
安全衛生目標 (3) 船内労働安全衛生目標	労災減少のために点検と改善の推進 〔年間目標です。1行で良いです。〕
活動計画 **（実施頻度、時期）** ＊書類は議事録、アクションチェックリスト、改善進め方シートは別途保存の事 ＊全員で安全点検を行うことにより、船員の意見の反映が促進されます。	・ミーティング 　（　1回　／月・年 8、9、10、11、12、1、2、3、4、5、） ・職場点検（チェックリストなど） 　（　2回　／月・年　　　6月、12月　　　） ・改善の実施 　（　数回　／月・年　　　適時　　　） ・講習会 　（　1回　／月・年　　　適時　　　） ・災害発生時の原因調査及び改善手順 　〔数字と〇をつけてください。〕

活動内容の確認 ＊記録は別紙 　同時保存	良くできた・ややできた・ややできなかった・あまりできなかった ・ミーティング 　（　　回　／月・年　　　　　　　　　） ・職場点検（WIBなど） 　（　　回　／月・年　　　　　　　　　） ・改善の実施 　（　　回　／月・年　　　　　　　　　） ・講習会 　（　　回　／月・年　　　　　　　　　） ・災害発生時の原因調査及び改善手順の制定 （備考）〔実際にできたかどうか数字と、〇をしてください。できなかった場合は、なぜできなかったか考えてみてください。〕
次の活動へ	（振り返り） 〔今年の実績を踏まえて、来年は何をしようか考えてみてください。〕 （良くすべき点）

表6－4　任意（オプション）1人1人に毎年，安全目標を書いてもらう

＿＿＿＿＿　年　　月　　日

一人ひとりの今年の安全目標

船　名		No.
職　名	氏　名	
職　名	氏　名	
職　名	氏　名	
職　名	氏　名	
職　名	氏　名	
職　名	氏　名	
職　名	氏　名	

—————— 第7章 ——————

自主改善活動・船内労働安全衛生システム導入の成功事例

7.1　WIB 船内自主改善活動の効果

　水産庁補助事業「安全な漁業労働環境確保事業」講習会では，漁業の労働環境のカイゼンや海難の未然防止などの知識を持った「安全推進員」を養成しています。その中心に，参加型自主改善活動（POAT）をベースにした，WIB 船内自主改善活動として，良い改善事例の紹介と選択，アクション型チェックリストと改善進め方シートの講習，船の点検を行っています。5 年間で毎年 500 人，計 2,500 人を養成する予定でしたが，平成 25 〜 29 年度に，北は北海道稚内市から，南は沖縄まで全国約 120 カ所で講習会を行い，約 5,000 人が安全推進員となりました。重点的に進んだ地域があり，島根約 200 人，岩手約 400 人が受講しました。特に岩手県は，10 回の開催すべてで所管の労働基準監督署長が挨拶をして，WIB の活動を後押ししていただきました。さらに，地域によっては労働基準監督官が WIB をベースに改善計画を進めており，改善を促進しています。

　漁業カイゼン講習会について，参加者に無記名によるアンケート調査を行いました。平成 24 〜 25 年度の参加者のアンケート調査では，講習会は「わかりやすい」が 83.4％，「わかりにくい」は 2.5％，「どちらでもない」は 14.1％でした。「役に立った（有効性）」は 87.6％，「役に立たない」1.5％，「どちらでもない」は 10.9％でした。自主改善活動については（n = 951），「役に立った（有効性）」は 87.6％，「役に立たない」1.5％，「どちらでもない」は 10.9％でした。

自主改善活動自体については，「わかりやすい」が83.5％，「わかりにくい」は2.5％，「どちらでもない」は14.0％でした。「役に立った（有効性）」は85.7％，「役に立たない」0.9％，「どちらでもない」は13.4％でした。安全推進員の講習，自主改善活動のいずれにおいても「わかりやすさ」，「有効性」は高い値を示し，否定的な意見は少数でした。

　講習会の後，参加者が実際に漁船の点検をして改善案を出すプログラムを，2014年8〜10月に10カ所で行いました。110隻が参加して，228件（平均して1隻あたり約2.1件）の改善案が出されました。

　改善案を，「作業方法改善」，「設備改善」，「教育」，「安全確認の徹底」，「注意喚起」の5種類の対策に分類した結果（図7-1），「作業方法改善」10.6％，「設備改善」75.2％，「教育」3.1％，「安全確認の徹底」10.2％，「注意喚起」0.9％となり，設備改善などの実用的な提案が多くみられました。改善に必要な費用の概算を「費用がかからない」，「費用が1万円未満」，「費用が1万円以上」の3つに分類したところ，「費用がかからない」は31.1％，「費用が1万円未満」は29.7％，「費用が1万円以上」は39.2％となりました。

　講習会の後も，各地で自主的な改善が進められています。特に，岩手県漁連，岩手県労働局，岩手県定置網協会の協力の下，各地で改善活動が行われ，

図7-1　改善案（事故対策案）の分析

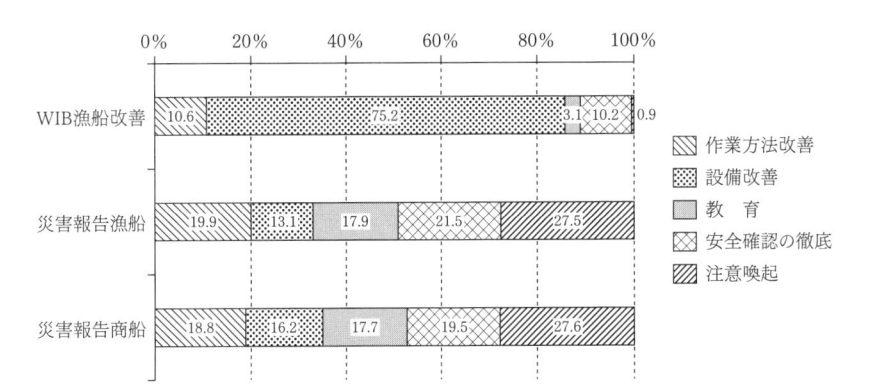

104

図7－2　青森での具体的改善例

具体的な改善が進められています。さらに所管の労働基準監督署の指導のもと，「機械操業計画」などが提出され，着実に効果が表れています。図7－2は，青森県陸奥湾のホタテ漁船の改善例です。船上の照明をLEDに変えることによって，足元が明るく作業しやすくなったとともに，燃費も良くなりコスト削減につながりました。

7.2　貨物船，旅客船向けWIBについて（国土交通省補助事業）

　平成25年から開始した，第10次船員災害防止基本計画に組み込まれて，初年度は調査事業，2年度目は検討事業が行われ，3年度目の2015年から2017年の間に，毎年全国10カ所で約300人を対象に，WIBの普及のため調査事業が行われました。WIBは，船内労働安全衛生マネジメントシステムを推進するための方法の1つとして紹介されています。

　WIB講習会について，参加者に無記名によるアンケート調査を行いました。平成29年度の参加者456名中385名の回答を得ました。その結果，講習会について，「わかりやすさ」では，「わかりやすい」が94.0％，「わかりにくい」1.0％，「どちらでもない」5.0％でした。「おもしろさ」では，「おもしろい」は

図7-3 WIB講習会について

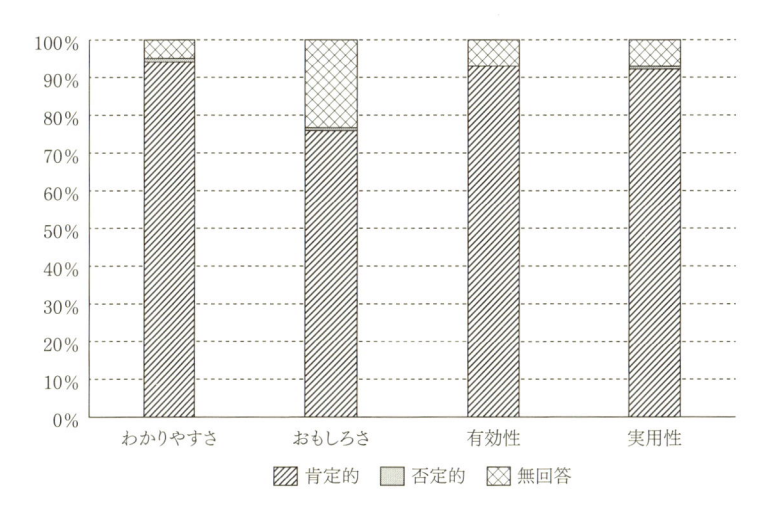

凡例: 肯定的 / 否定的 / 無回答

図7-4 自主改善活動について

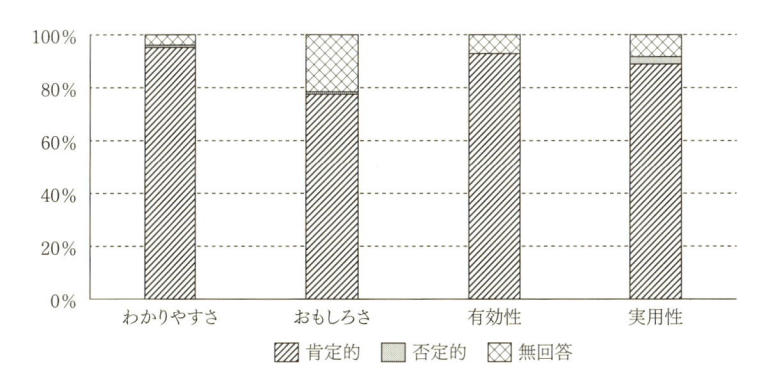

凡例: 肯定的 / 否定的 / 無回答

75.0%,「つまらない」1.0%,「どちらでもない」は23.0%でした。「役に立った（有効性）」では,「役に立った（有効性）」は93.0%,「役に立たない」0.0%,「どちらでもない」は7.0%でした。「実践的」では,「実践的」92.0%,「非実践的」1.0%,「どちらでもよい」7.0%でした（図7-3）。

　自主改善活動自体について,「わかりやすさ」では,「わかりやすい」が

95.0％,「わかりにくい」1.0％,「どちらでもない」4.0％でした。「おもしろさ」では,「おもしろい」は77.0％,「つまらない」1.0％,「どちらでもない」は22.0％でした。「役に立った（有効性）」では,「役に立った（有効性）」は93.0％,「役に立たない」0.0％,「どちらでもない」は7.0％でした。「実践的」では,「実践的」で89.0％,「非実践的」1.0％,「どちらでもない」7.0％でした。WIB講習会, 自主改善活動のいずれにおいても「わかりやすさ」,「有効性」は高い値を示し, 否定的な意見は少数でした（図7-4）。

7.3 船内労働安全衛生システム導入の成功事例（漁船の事例）

WIB 方式 OSHMS（労働安全衛生マネジメントシステム）は, 一般社団法人自主改善活動（WIB）協会等が中心になって普及・啓発を行っています。フェリー会社が WIB 協会の認証を受ける等, いくつかの船会社などで積極的に実施をしています。さらに商船・旅客船会社は, 国土交通省の運輸安全マネジメントシステムの評価を受けることが多くみられます。WIB 方式 OSHMS を運輸安全マネジメントシステムの内部監査を補完する方法として検討しており, フェリー会社と作業船の運航会社の協力を得て試行をしています。そこでは WIBアクションチェックリストを改善報告として直接利用しています。

一例として, 島根県浜田市の漁業会社を示します。船員法 111 条の報告では, 浜田市の漁業会社が労働災害の発生数で島根県全体の三分の一を占めていました。会社は災害逓減への工夫をしているものの, 災害の減少の傾向は横ばいでした。そこで, 前章の WIB 方式 OSHMS を事業者に提案したところ, 協力を得ました。

(1) 導入目的

事業者は, 漁業会社にはすでに船内自主改善活動（WIB）の講習を実施しています。しかし, 船員が自主的な改善活動をするためには, 人件費, 資材の提供を船舶所有者が行わなければ, いくら現場から改善案が出されても, 船員が

継続的な活動を行うことはできません。そこで，WIB 方式 OSHMS を導入して，①浜田市の漁業会社の船員災害を抑制すること，②経営トップからの指示の下で，労働災害抑制システムの構築，③災害の原因の分析をしました。

(2) 方　法

船員は，短時間で簡単に改善ができる WIB 講習を 2 回受講しました。目標を掲げ，計画・実施・記録・見直しの PDCA システムの説明を受け，WIB 方式労働安全衛生マネジメントシステムを理解しました。その後，約 1 年間，WIB 方式 OSHMS を実施しました。はじめに WIB 方式 OSHMS 様式に，方針の表明・推進メンバーの役割と責任・安全衛生目標・活動計画（実施頻度，時期）を船舶所有者等が記入し，船員に周知しました。さらに船内等でミーティング等を行い，船内にその書類を掲示しました。

(3) 結　果

実施した結果を，WIB 方式労働安全衛生マネジメントシステムの手順にしたがって示します。方針の表明 (1) 船内労働安全衛生方針「安全で安心して働ける職場環境の構築」，(2) 推進メンバーの役割と責任省略，(3) 安全衛生目標「労災減少のために点検と改善の推進」，(4) 活動計画「ミーティング月1 回，職場点検年 2 回，改善の実施年数回，講習会年 1 回，災害発生時の原因調査と改善手順」を記入しました。

図 7－5　トイレ内でのマネジメントシステム計画表の掲示

会社はこの方針表明および計画を，事務所内と船員にじっくり見てもらえる場所として事務所の他，船舶のトイレに貼付しました（図 7－5）。

計画の実施では，ミーティングは取締役会の実施に併せて行い，WIB 講習と併せて職場点検を行い，改善すすめ方シートを利用して改

善しました。記録は，各自で保管しました。

船員1人1人に改善についてヒヤリングを行い，滑り止めなど提案のあったことを実施しました。

災害発生時の原因調査および改善手順については，過去の船員災害を分析して，船内のハザードマップを作成しました。災害が増えた要因として，特定の船員の1人が1年に数回も災害にあったことがわかり，特別に指導をしました。

振り返りミーティングで，1年間の評価は「ややできた」に留まりました。ミーティングは月1回，職場点検はWIBを二度実施し，改善の実施は随時行いました。次の活動では，また階段から滑った者がいたので，長靴を新調するように勧め，取り替えました。

船員にアンケート調査を行ったところ，WIB講習では，実際に船を使用した点検が非常に役に立ったと回答を得ました。さらに，WIB方式船内安全衛生マネジメントシステムの導入で，船員が安全に気を配るようになりました。WIB方式船内安全衛生マネジメントシステムの実施で，計画・実行・確認・

図7－6　事故予防シート

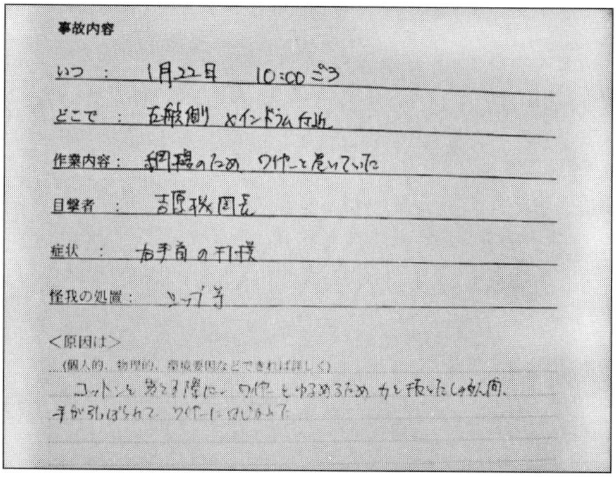
事故内容

いつ　：　1月22日　10:00ごろ

どこで　：　右舷側　メインドラム付近

作業内容：　網揚のため　ワイヤーを巻いていた

目撃者　：　吉原機関長

症状　：　右手首の打撲

怪我の処置：　シップ等

＜原因は＞

(個人的、物理的、環境要因などできれば詳しく)

コットンを当てる際に、ワイヤーをゆるめるため力を抜いたしゅん間、手が引っぱられて　ワイヤーにはさまれて

見直しの仕組みがよく理解できたとの回答でした。怪我の分析では，ベテランより新人が目立つため，新たな乗船者に注意喚起を強化することにしました。

（4）考　察

①　船員災害の抑制では，設備の不備によるものの改善が図れました。漁網のロープ等が切れて，過去に長期休暇を取ったものが少なからずおり，通常のものより長引く傾向でした。

②　経営トップからの指示の下で，労働災害抑制システムの構築については，事務所と船内トイレなどに掲げて，理念と方向性を示して，船員に労働災害の抑制を印象づけました。アンケート調査においても，船舶の安全には導入前と比べて気を配るようになったとの回答が多く，船員に安全を意識させるのには効果がありました。

③　労働災害の分析では，ハザードマップを作成し，船員に危険箇所を示すことで，同様の災害を防ぐことができました。ヒヤリング等でリスクを分析し，新人の教育について力を入れるとしている点は，導入後の PDCA システムが回っていると考えます。最後に，安全文化を考える上で，浜田市の漁業会社が行ったようなトップダウン方式である従来の安全マネジメントシステムと，船内自主改善活動により船員全員が改善を提案して行うボトムアップシステムを組み合わせる WIB 方式労働安全衛生マネジメントシステムは，導入から2年たった28年度には前年度の14件と比べて9件になり，6件に減少して，休業日数を大幅に減少させるような相乗効果が出ました。このシステムは，労働安全衛生法の

図7−7　独自の事故報告書

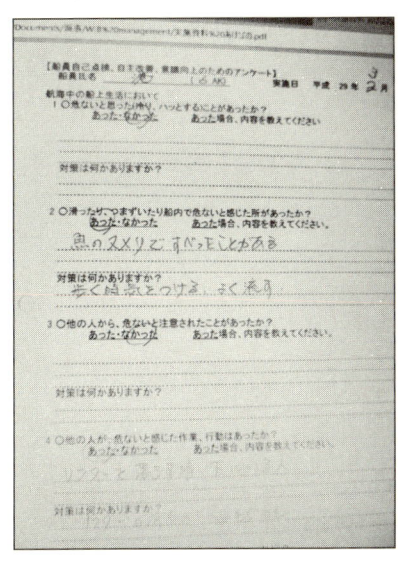

精神である，自主的活動の促進に沿った，責任体制の明確化（トップの責任），自主的活動の促進（ボトムアップ）の具現化であるといえます。今後も WIB 方式船内安全衛生マネジメントシステムが普及することにより，労働災害の減少と労働環境の向上に役立てていきたいです。

　上記の内容を取り上げた新聞記事を紹介します（日刊　水産経済新聞　2017 年 3 月 7 日　P10）。

「安全対策「脱　これまでどおり」　発展する「漁業のカイゼン」
　魚の資源量や海況など「これまで通りに」が通用しない近年，漁業者の高齢化や漁船の高船齢化も重なることで，ひとたび海難が起これば大事故になりかねない。そのため，安全操業の周知・実践が欠かせないが，これまで通りに労働基準監督官らによるトップダウン型指導から，乗組員に考えるきっかけを与え，当事者にアイデアを考えてもらう「カイゼン」の導入が進んでいる。

島根・浜田あけぼの水産　事故要因ベテランと共有　好循環生むマネジメント
　「自分の職場（船）は乗組員が一番分かっている以上，働く一人ひとりが安全対策を作り，労働災害の未然防止を図ることが重要」の考え方から，久宗教授は船内向け自主改善活動 WIB を考案した。水産庁補助事業として平成 25 年度から始まった「安全な漁業労働環境確保事業」の漁業カイゼン講習会の運用マニュアルにも活用されている。ただし改善が単発に終わらないように計画を立案（Plan）して実施（Do）し，評価（Check）することで改善（Act）を繰り返す「PDCA」で，労働安全衛生を継続し，発展させていくことが重要になる。
　島根県のあけぼの水産（室崎拡勝社長）はよりよい操業環境を作るため WIB 方式船内労働安全衛生マネジメントシステムを実施している。乗組員に WIB 講習を受講させ，自主改善活動を理解してもらい，加えて陸上の事務局が安全方針の表明や目標，組織，活動を計画し，現場に共有，実施状況を評価して，

PDCA サイクルを回していくことが狙いだ。

　同社は沖合底びき網漁船（2 そうびき）を 3 か統保有するが，事故を起こしやすい船は決まっていないという。事務職員が現場でヒヤリ・ハットの状況を収集すると，年配の人よりも新人乗組員に多いことが分かった。これが事故につながり，けがで一人が休めばその穴を埋めようと，残った乗組員が気負うことで，新たな事故を招くことがあるそうだ。慣れていない環境で経験が浅い新人は，次に何をしたらよいか迷い，焦ることでより危険な状況が生じやすい。

　分析した情報は，幹部会などを通じて乗組員と共有した。「この事実をベテランに認識してもらうだけでも大きく違う。『（新人を）気にしてあげてね』と声をかけている」（室崎社長）という。」

7.4　WIB 方式 OSHMS を用いた運輸安全マネジメントの活性化について

1．運輸安全マネジメントの概要

制度の概要とその手法

　岡本[23]によると，運輸安全マネジメント（以下，安マネという）制度は，ヒューマンエラーを防止するための制度です。陸・海・空の運輸事業者を対象に，経営トップから現場まで一丸となって安全に取り組むことによって，ヒューマンエラーによる事故を防ぎ，組織内の安全文化構築（安全管理体制）を目指します。

　事業者の安全文化構築（安全管理体制）の実施状況を確認する手法として，安マネ評価を行う方法があります。それは，国土交通省の評価担当者による経営トップおよび安全統括管理者等の経営管理部門へのインタビューと文書・記録類の確認を通じ，事業者が構築した安全文化構築（安全管理体制）の評価を行います。

　対象となる運輸事業者は，安全管理規程の作成・届出と安全統括管理者の選任・届出が義務づけられています。さらに，経営トップのコミットメントのも

とに全社的な安全マネジメントを推進するため，安全方針の作成，安全方針を達成するための安全重点施策（安全目標・取組計画）を策定し，実行し，チェックして，継続的な改善を行うことが求められています。すなわち，プラン（P），実行（D），チェック（C），アクト（A）を回すことで安全管理を進めていきます。

2．安マネの問題点

安マネ評価が始まっておよそ10年経過しましたが，安全マネジメント体制の形骸化のおそれが指摘されています[24]。すなわち，安全管理体制の形だけ整えても，事故防止の効果は上がりません。形骸化が進む要因の一つとして，人は自分自身で経験していない，あるいは具体的な被害をイメージできない問題に対して，積極的に時間や労力を費やすのを避ける傾向にあるようです[24]。

小原[25]らは，安マネ評価はソフトローであるとしています。法的拘束力を持たないことから，ソフトローを遵守する動機付けは，みずからがその規範の策定過程に参加し，合意形式プロセスにみずから関わることによって，道徳観に基づく規範意識として醸成されると期待されています。その過程がないと，形骸化は避けられないと考えられます。

安全マネジメントが形骸化した会社の例を挙げます。その事業者は，中国運輸局管内の観光旅客船を経営主体にしています。筆者らが安マネ評価を行う前に，すでに3回ほど評価を受けていました。事業者の安全重点施策は，安全管理規程のひな形からの抜粋であり，安全方針を達成するための施策とは考えにくいものでした。加えて，平成20年の安マネ評価から変化しておらず，達成状況に関しては「評価無し」と自己分析していました。安全方針では，「当社は関係法令及び社内規程を遵守し，安全最優先の旅客輸送を提供するため，事故等の発生を撲滅する事を目指し，お客様の信頼に応える。」と記載されていますが，平成20年より更新がされていませんでした。

３．問題の分析（なにが一番の問題なのか）

　安全文化の構築こそ安マネの核であり，それを形にして表現したものが安全方針です。そして，安全方針をどのように実行して，それを達成に近づけるかが重要です。適切な安全重点施策が作成されていない点が，安マネの形骸化の問題です。安全重点施策で最も重視すべき点は，安全重点施策が達成されたか否かを，客観的に定量的に判断できるものにすることです。安全重点施策が数字でチェックできるものとなれば，見直しも具体的なものとなります。その上で，次の計画を作成することもできます。つまり PDCA が回り出すということです。

　しかし，これらの問題を口頭で説明するだけでは，事業者は真に理解できません。実際に書類を作成させると，前述のように安全管理規程の抜粋となります。この事業者に PDCA を理解させるには，簡単で，視覚的に理解可能なマネジメントが必要です。

４．解決の糸口

　いくつかのトラック運送会社のホームページにおいては，安マネに併記して，安全衛生マネジメントに関する記載があります。安全衛生マネジメントは，主に労働者が災害を起こさないようにするためのものです。安全衛生マネジメントは，船内版もあります。船舶の分野では，船内労働安全衛生マネジメントと呼ばれ，国土交通省も事業者に対して導入を勧めています。

　船内安全衛生マネジメントは，労働災害を防止するマネジメントですが，実施要領が複雑なため，安マネが理解できない事業者には実施させることは難しいと思われます。

WIB 方式船内安全衛生マネジメントシステム

　そこで，船舶対応型のマネジメントシステム，すなわち WIB 方式船内安全衛生マネジメントシステム（WIB 方式 OSHMS）を構築しました。

　その目標は，労働災害の防止と健康増進，さらにすすんで快適な職場環境を

図7−8 甲板部の色分け（改善前 → 改善後）

作り，職場の安全衛生水準の向上を目指すものです。

WIB 方式 OSHMS の特徴としては，働く人の労働安全衛生の意識が高まり，労働災害の減少・疾病の減少が図られることが期待されています。また，労働安全衛生活動の記録を組織的に残し，会社の管理責任も明らかにできます。マニュアルを読んで，事例を参考にすれば，経営者と担当者とで1時間程度で記入できます。船員は年に1回以上，WIB 講習を実施してチェックリストによる改善案を考えたり，その他独自活動を推奨されています。また，出した改善案の中で自分たちが直せるものは，時間が空いた時に改善をすることができます。WIB 講習のミーティングを，システム監査やレビューにすることができます。年に一度だけでも，目標・計画・見直しなどのマネジメントに活用することも可能です。

目標を設定して，PDCA サイクルで目標を達成するなどの点において，WIB 方式 OSHMS は安マネと基本的な構造が一致していました。

5．安マネ形骸化事業者への WIB 方式 OSHMS の実施についての考察
5.1　考　察

岡本[11] は，安マネの形骸化の原因として，明確な目標設定と具体的なイメージをできない点に問題があるとしています。これに対し，WIB 方式 OSHMS は，災害を未然防止する旨の明確な目的のもとに行われ（計画），主に自ら乗船している船舶について，乗組員全員に配布するチェックリストでさまざまな箇所をチェック（実行）して，それを記録（記録）することで，具体的に改善を要する箇所が絞り込めます。それを改善すすめ方シートに転記して作成し，ミーティングの場で提案できます。つまり，WIB 講習を受講するだけで

も，計画・実行・記録・改善が具体的に経験できます。さらに WIB 方式 OSHMS では，様式を利用して，安全の方針の表明，安全目標，具体的な計画，振り返りという項目があり，PDCA に対応しています。

目的が明確化し，身近で理解しやすい労働災害防止活動の 1 つである WIB 講習を実施して，改善を行わせることで，計画，実行，チェック，改善（PDCA サイクル）のプロセスを経験できます。

PDCA サイクルの具体的な手法としては，「計画」ではチェックリストをもとに自船のチェックと改善箇所を記録して，それを「実行」します。「チェック」では，チェックリストおよび改善すすめ方シートに実行した改善を記載します。さらに「改善」では，ミーティングを通して，改善したものが機能しているかどうか確認します。

その後，WIB 方式 OSHMS の様式を使用し，年間の計画を立てさせます。一連の作業を一通り行うことを通じて，安全に関するマネジメントを具体的にイメージできると考えます。

そして，WIB 方式 OSHMS と同じ様式を使い，安マネについて再考察させることで，PDCA サイクルを構築できると推察しました。

5.2　WIB 方式 OSHMS の実施とその結果

前述の事業者に WIB 講習を受講させ，WIB 方式 OSHMS の様式を使い年間計画を立てさせ，その後に安マネ評価を行っています。

当該事業者では，事務員を含めた全員が WIB 講習を受講しました。その後，参加した乗組員は改善すすめ方シートに多くの改善を提案し，改善後の写真の付いた様式を送付しました。その中には軽微なもの，例えば，船内で転びそうになったなどの事案は，これまでヒヤリ・ハットで毎年報告されていましたが，対策を取らずにいました。導入により「滑り止め」を付けるなどの改善をしました。加えて，WIB 方式 OSHMS では，方針の表明で「事故ゼロ　事故等の発生を撲滅することを目指し，お客様の信頼に答える。」とし，安全目標については「改善すすめ方シートを使い，安全性の向上を図る。労働災害を

減少させるために点検・改善の推進を図る。」と年間計画を作成し，3月に振り返りを行うなど具体的な手法を明記しました。

　WIB 方式 OSHMS の計画を策定した後に，計画書を作成し，安マネの安全方針と安全重点施策の変更をしました。安全方針は「事故等の発生を撲滅することを目指し，お客様の信頼に答える。」とほとんど変わらなかったのですが，安全重点施策については，「事故 0 件」となっており，定量化が図られていました。その後，安マネ評価に入り，安全重点施策の目標をどのように実現するのかを社長にインタビューすると，「明闇の岩窟（あけくれのいわや）という観光スポットがあり，船は洞窟の中を潜るように運航する。洞窟の幅は，ほぼ船舶の幅と同じであり，操船難易度がかなり高くなっています。世代交代を進めるためには，ベテラン船長から若い船長への技能の継承が大事だと考え，ベテラン船長がハザードマップを作成し，その船長が若手に対し技能訓練を行うことを計画しました。また WIB 方式 OSHMS と同時期にレビューを実施する計画である」など，安全に積極的な発言がありました。

　今回の取り組みの成果としては，安全重点施策は「事故 0 件」として目標が定量化され，その目標を達成するための年間計画が定められました。WIB 講習と WIB 方式 OSHMS などを通じて，安マネも，安全重点施策の定量化や具体的計画などが策定されて機能し始めたと考えます。それが実現できたのは，WIB 講習という視覚的で簡便な PDCA の体験によるものであるといえます。

6. 結　論

　WIB 講習，WIB 方式 OSHMS，安マネの最も重要な共通項は，PDCA です。WIB 方式 OSHMS と安マネの対応項目は，安全方針（運）＝安全表明（W），安全重点施策（運）＝安全目標（W）を元に年間計画を作成し，レビュー（運）＝振り返り（W）となります [12]。マネジメントを行う前に，WIB 講習で身近でわかりやすい PDCA を体験させることによりイメージの定着と理解を図ります。形骸化した事業者に WIB 講習を行わせることは，安マネを活性化する手法として有効だと考えられます。WIB の普及のために，関係者により平成 26

年度に一般社団法人自主改善活動が立ち上げられ，さらなる普及活動を行っています。

（運）は運輸安全マネジメント，（W）は WIB としています。

7.5　WIB 方式 OSHMS の作業船への導入

1．対象企業

　親力海運株式会社は，呉市蒲刈町に本社を構える，主に海上運送業，内航船舶貸渡業の企業です。

　船舶の修理および売買，土木一式総合建設業，産業廃棄物，一般廃棄物収集運搬，処理ならびに再生業を営み，船舶を7隻所有する船員がおよそ35名から40名の会社です。安全対策として，平成24年3月8日に OHSAS18001 に認定を受け，認証登録範囲は海上運送業務に係わる労働安全衛生です。

　しかしながら，社長によるとヒヤリ・ハットの件数が年間で6件程度であり，労働安全衛生マネジメントシステムの構築は難しいということでした。筆者らは，WIB のシステムの説明を行いました。社長から受講してみたい旨の依頼を受け，平成28年11月にその地区の内航海運組合青年部で WIB 講習を行いました。その際に，WIB 方式 OSHMS マネジメントシステムの説明を併せて行いました。次に，12月に WIB 講習で配布したチェックリストを利用して改善すすめ方シートを作成させ全船舶に提出させました。その後，同社は WIB 方式 OSHMS マネジメントシステムを導入することになりました。

2．WIB の方法

　新しい労働災害対策として，船内向け自主改善活動（WORK IMPROVEMENT ON BOARD，以下 WIB という）が，国土交通省および水産庁の委託事業として全国で広がりをみせています。

　WIB 方式産業労働安全衛生マネジメントシステムは，計画・実施・記録・見直しの PDCA システムが含まれています。目標は労働災害の未然防止で，

（P）は講師による，座学の中で好事例の紹介と作業等の計画を行い，（D）はチェックリストを用いての船内の点検作業など各種労働安全衛生活動の実施，（C）は実施したチェックを踏まえた上で，改善すすめ方シートに記録するなどの労働安全衛生の諸活動の評価をして，（A）問題があった場合に改善案を提出することで PDCA としています。

これを年単位で繰り返すことでスパイラルアップして，強固な安全体制が構築できます。

(1) 最初に，方針の表明・推進メンバーの役割と責任・安全衛生目標・活動計画（実施頻度，時期）・船舶所有者等に記入します。

(2) 責任者を通じて，船員に周知します。

(3) 船内等でミーティング等を行い，船内にその書類を掲示します。

(4) WIB 講習を含めて，計画を実施していきます。

(5) 実施の記録をとります。

(6) 振り返りを行います。

上記（1）から（6）を一定の期間を定めて実施します。平成 29 年度に横浜市内の埠頭で，係船中の船舶に乗り込み現状調査を実施しました。加えて，平成 29 年 10 月には同社の安全大会に招かれ，WIB 講習会と，同社所有船舶の良い改善事例を発表し，その評価を行いました。

3．結　果

12 月の従来のヒヤリハット報告に代わって，改善案の提出では，1 カ月で 9 件の改善要求が行われました。その内容については，WIB は低予算で簡単に行えるものを推奨しており，清掃と整理整頓，書類のファイリングなどでした。そして，29 年 1 月から本格的に導入することになりました。すでに OHSAS18001 などの認証も受けていて，安全の目的として，「船舶作業に係る事故をゼロにする」ことでした。その中で，施策として「全体的にヒヤリ・ハットの報告が少なく，個人での報告ではなく船全体でのヒヤリ・ハットまた

表 7 - 1　ヒヤリ・ハット数（改善提案数）平成 27 年から 29 年

年	27 年	28 年	29 年
ヒヤリ・ハット数（自主改善活動数）	6 件	15 件	63 件

は改善提案（改善数）を報告させ，内容によりランク付けを行い，A，B とランク付けにし，賞金を与えるようにし，全船舶で競わせるようにする。」が加えられました。

　年別の結果は，27 年から 29 年については，6 件から 63 件とおよそ 10 倍となりました。

表 7 - 2　ヒヤリ・ハット数（改善提案数）項目別件数

項目	交換	点検	新規	修理	清掃	提案	合計
件数	26	24	13	11	2	2	78

　年間でヒヤリ・ハットが 6 件だった 27 年と比べると，29 年は改善数に代わりますが 10 倍近くなりました。賞金の拠出と相乗効果があったと考えられます。

4．まとめ

　WIB 方式 OSHMS マネジメントシステムが，ヒヤリ・ハットを改善数 10 倍程度まで増やせたことは，有用性が高いと考えられます。WIB のアクションチェックリストや，よい改善事例の説明などにより，ヒヤリ・ハットよりも大幅に改善案が出ましたので，これらは労働災害の防止につながっていると考えられます。なぜ，ヒヤリ・ハットに替わる改善案が増加したのかに対しては，平成 29 年 12 月に実験的に行った WIB 方式の改善活動にヒントがあると思われます。改善案の中身は，清掃や整頓などが中心であり，つまり簡単なものから複雑なものへ昇華しています。その証左として 29 年にはシリンダーを分解

して傷を発見し，新品に交換する提案を行うなど，より高度な改善内容になっています。また，関係者に話を聞くと，WIB方式導入の前に船舶を訪問すると，船員たちは代表取締役や指導員に対して，コミュニケーションを積極的行っていませんでした。それに対して，WIBを導入して1年が過ぎた頃から，船員に大きな変化が見られるようになりました。それは，代表取締役が船を訪れると，船員たちは船体やエンジンについてさまざまなことを積極的に質問するようになりました。加えて訪船の依頼が来るようになり，船員とのコミュニケーションは高まりました。つまりWIB方式は，コミュニケーションツールとして利用でき，船員1人1人が船内の不具合を見つけて改善するリスクアセスメントにも効果があると考えられます。

災害ゼロの魅力ある職場（水産経済新聞　平成31年3月1日　記事）

働きやすい職場（船）に

　船舶の災害防止の推進するためには，船舶所有者や荷主だけでなく，実際に働く乗組員の意識を高め，自主かつ自主的に活動することが不可欠だ。その船や漁業の特徴を知っているのは，経営陣や労働基準監督官ではない。現場の人を中心に知恵を出し合い，ボトムアップ型で問題解決型が重要になる。

　水産庁は2013年度から，漁船の安全操業に知識を有する安全推進員を養成している。

　製造業の生産現場で行われている「作業の見直し活動＝カイゼン」を，漁業現場で使いやすく応用した「漁業カイゼン講習会」を全国で実施。漁船の作業効率向上や安全性の確保などについて，現場の発想で課題解決に向けた計画（Plan）を立案し，実施（Do）を促している。

　18年度は，安全推進員や漁業者を指導する安全責任者養成の講習会がスタートした。これまでの実施状況を評価（Check）し，改善（Act）を繰り返すPDCAサイクルを回すためだ。引き続き課題を探り，改善して発展を続ける。

安全対策で金を生む

　岩手県では県北広域振興局が主催し，JF 種市南漁協と JF 野田村漁協を対象にした，安全責任者養成講習会を昨年 8 月に開催。今年 1 月 23 日には，講習修了者の改善実施状況について，フォローアップ調査が行われた。両漁協の主要漁業で今年度の事故は，取材時にはゼロだった。担当者は「一人ひとりの意識が変わった」と話す。

　一例として，危険な場所について警告するトラマークのペンキ塗装も，"ついで"を求めて乗組員全員に聞けば，相応の数が出てくる。みんなが「どこが危ないのか」を考え，塗装することでその場所が共有でき，事故の未然防止が図られる。それでも滑る箇所は出てくる。「忘れてしまわないように」と，船内にトラマークのテープを備えるようになったそうだ。仮貼りで危険個所を記し，空いた時にしっかり塗装する。小さなことでも，機材や甲板の色が変われば乗組員は「何だろう？」と考える。危険箇所にトラマークが周知されていれば「ここが危ない」と，即座に連想される。漁労作業中に当人の意識が働くうえ，周囲へも「そこ，気をつける」と，声も掛けやすい。

　忙しく疲れている時や，気が緩んだ時こそ事故は起こしやすい。「自然に直しておけば」と，悔やんでももったいない。

改善は思い立ったが吉日

　これまでは，船内に不便な箇所があっても「人間は慣れるもの」というの考え方が一般的だった。だが，一人ひとりが災害の未然防止策を考え，意見を出して反映させてよい環境にすると，船内の整頓や，資材のさび落とし・防止対策，エンジンや漁労機器の何気ない点検などが日常化される。漁業の安全対策は「それで魚が獲れるのか」と言われ，熱心に進める人が少なかった。だが，今回のフォローアップ調査では，「船をきれいに使うようになった。修繕費も減ったし，船が長持ちする」と担当者。不便なところが自分たちのやり方で治され，それを記録することで「次に新船を造ったらいい船ができる」という意見も出た。

　講習会及びフォローアップ調査に携わった労働安全衛生が専門の久宗周二神奈川大学工学部教授は「各人が危なくないよう船を改善すれば，それが事故が減る一番の方策」と強調。現場の状況をいちばんよく知っている彼らが，やりやすい方法で今後も継続させるよう助言した。

エピローグ

　ILO-OSH2001 に沿った自主改善活動 WISE は，建設業や農業を含めた各産業で国際的に成果を上げており，船内の労働環境の改善に役立てるため，この WISE をもとに船舶へ応用した WIB を開発しました。今回の国土交通省の安全衛生マネジメントシステムの検討とともに，実際の商船で活用できるか，商船で調査をしてその有効性を確認いたしました。

　今回の活動によって，以下の効果が挙げられました。

① 　職場の改善点（リスク）が明らかになりました。
② 　短時間で効率よい改善に必要な項目と，その優先順位を挙げることができました。(約90分のプログラム)
③ 　記録を残すことにより，「改善すべき点」の情報を共有化できました。
④ 　「改善すべき点」について，職場でどのように気をつけるべきか共通認識できました。
⑤ 　全員が改善活動自体に対する意識を高めました。

　一度 WIB のやり方がわかれば，次回からは自主改善活動の講習を受ける時間を減らせるので，1 回当たり短時間（約30分〜60分間）で，チェックリストを用いた職場点検により改善が必要な項目の洗い出し，改善活動の計画まで立てることができます。なお，本プログラムで用いたアクション型チェックリストは 28 項目ですが，その職場に合わせて，チェックすべき項目の追加，変更をしていきます。また，定期的に自主改善活動の実施が必要です。

　自主改善活動は，現場の船員の安全意識を高揚させ，船内労働安全衛生マネジメントシステムにうたわれている「船内での危険要因の特定・評価（リスクアセスメント）」の船員による自主的な改善活動をサポートし，チェックリスト

124

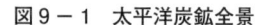

図9－1　太平洋炭鉱全景

で繰り返し活動することによって「3．当該計画の実施状況や効果の確認」や，「改善措置の実施等を継続的に行う」などの項目を行うことができました。

「WIB 式船内労働安全衛生マネジメント」では，船社側は安全目標や安全衛生計画を作成し，船員に対して安全衛生に関する教育・研修を行い，船内での危険要因の特定・評価（リスクアセスメント）をサポートしていきます。船員が自主的に改善活動をするためには，人件費，および必要な道具，資材の提供を行い，実施状況や効果の確認が必要です。これらがなければ，いくら現場から改善点が提案されても，船員が継続的な改善活動を行うことができません。職場の労働安全衛生を進めるには，会社と船員が車の両輪のように，「船内労働安全衛生マネジメント」を理解し，協力し合って改善を進めていくことが必要です。

　労働災害は，予想もつかない原因で発生することもあり，完全になくすことは難しいです。しかし，事故を減らすことはできます。産業別労働災害発生率で 30 年前は，かつて鉱業は高い発生率でした。しかし，関係者の努力で大幅に減少しています。図9－1は，日本で最後まで操業していた石炭鉱の1つ，北海道釧路市の太平洋炭鉱の写真です。太平洋炭鉱資料館の資料をみますと，仕事を効率的に進めて，平成5年まで操業をしていました。では，安全面はどうかというと，太平洋炭鉱は，鉱業の労働災害発生数の全国平均より半分から3分の1の発生率でした。この企業では「予防保安・全員参加」のもと安全活動に取り組みました。全員参加で事故を予防することは，WIB に共通していることです。今後は，自主改善活動を普及させるための活動が必要です。WIB

を活用することによって，労働安全衛生マネジメントシステムを進めて，快適
で労働災害のない職場の形成を願っています。

謝　辞

　WIB を開発するにあたり，WIB の普及にご協力をいただいております国土交通省海事局，水産庁企画課，全国漁業就業者確保育成センター，船員災害防止協会，日本農政調査委員会をはじめ，実際に活用していただいている，船員，漁師の方々に深く感謝をいたします。

　WIB の開発，および本書の刊行にあたり，労働科学研究所の小木和孝様（元 ILO 労働条件環境局長），坂田真一郎様に大変なご支援，ご指導をいただきました。心より感謝いたします。

　WIB 方式 OSHMS にご協力いただき，株式会社浜田あけぼの水産の室崎社長様と谷口様，隠岐観光株式会社 竹谷社長，井上様，親力海運株式会社 渡辺会長，渡辺社長，岩手県種市南漁業協同組合 玉澤部長，町田部長，神戸マリナーズ厚生会 切東理事長，森山様，森元様，また，出版にあたり大変ご協力いただきました株式会社創成社 塚田尚寛氏，西田徹氏にお礼申し上げます。

　国土交通省が推進する船内労働安全衛生マネジメントシステム構築の意義およびガイドラインの目的でも「船員災害の防止を図るとともに，船員の健康の増進及び快適な作業環境の形成の促進を図るためには，会社が自主的に自らの財産である船員を危険から保護するよう事前に十分な予防措置を講じるとともに，船内の安全衛生水準を継続的にスパイラルアップさせていくことが重要です。このため，会社が船員の協力の下で，PDCA サイクルをベースとした船内の労働安全衛生マネジメント体制を構築していく必要がある。」としています。この本では，船で実践されてきた良好事例を多く取り上げています。本書が，健康で安全に働く職場づくりに少しでも役立てられましたら，筆者としてこの上ない喜びです。

参考文献

1）国土交通省海上技術安全局船員部：船員災害疾病発生状況報告（船員法 111 条）集計書
（2005）。

2）HISAMUNE, S.AMAGAI, K.KIMURA, K.KISHIDA, K. : A Study of Factors Relating to
Work Accidents among Seamen, Industrial Health, Volume44, Number 1,（2006）

3）伊勢谷祥三，平野研一，佐藤尚登；漁船 STCW 条約の発効の可能性と海技教育への影
響，海技大学校研究報告，43，p1-8,（2000）

4）久宗周二：安全職場形成のための自主改善活動の海上労働現場に関する実証的研究，海
上労働科学研究会資料，第 50 号，（2006）

5）久宗周二・藤江晋平・野田一樹・木村暢夫「安全職場形成のための自主改善活動の海上
労働現場に関する実証的研究」『日本航海学会論文集』No.115, 2007 年 9 月，pp.141-146。

6）中央災害防止協会，実践！ 労働安全衛生マネジメントシステム～導入から認定取得ま
で～ 中央災害防止協会（2008）

7）中央災害防止協会，やさしい職場のリスクアセスメント 中小規模事業所での進め方
中央災害防止協会（2007）

　　ILO（国際労働事務局）:"人間工学チェックポイント"，労働科学研究所出版部（1998）

8）KAWAKAMI, T, KHAI, T :"Sharing Positive Experiences in Making Changes in Work
and Life in a local district in Vietnam", J. Human Ergol, No. 26, pp.129-140（1997）.

9）KOGI, K. :"Advances in Participatory Occupational Health Aimed at Good Practices in
Small Enterprises and the Informal Sector", Industrial Health, No.44, pp.31-34（2006）.

10）TAKEYAMA, H. et al. :"A Case Study on Evaluations of Improvements Implemented
by WISE Projects in the Philippines", Industrial Health, No.44, pp.53-57,（2006）.

11）池田良夫・岸田孝弥他 放送大学教育振興会 応用人間工学 日本放送出版協会
（1996）

12）自治体労働安全「職場改善のための安全衛生実践マニュアル」労働科学研究所（1999）

13）久宗周二 海で働く人の改善活動ガイド 高文堂出版社（2003）

14）久宗周二.編 船員の健康づくり 高文堂出版社（2006）

15）久宗周二『漁撈技術の評価と労働災害』ヤマカ出版, 2008 年。

16) 国土交通省：平成 27 年度　船員災害防止実施計画
17) 国土交通省：平成 27 年度　海事レポート　http://www.mlit.go.jp/common/001011538.pdf
18) 国土交通省　船員部会議事録　http://www.mlit.go.jp/common/001090361.pdf
19) 水産庁　平成 25 年　水産の動向　http://www.jfa.maff.go.jp/j/kikaku/wpaper/h25_h/trend/1/t1_2_3_1_04.html
20) 内閣府　平成 26 年度　交通安全白書　http://www8.cao.go.jp/koutu/taisaku/h26kou_haku/zenbun/genkyo/h2/h2s2_5.html
21) 国土交通省　船員部会資料　http://www.mlit.go.jp/common/001081219.pdf
22) 国土交通省海事局　船内の安全衛生マネジメントについて　http://www.mlit.go.jp/maritime/maritime_fr4_000008.html 海上保安庁：海上保安レポート：http://www.kaiho.mlit.go.jp/doc/hakkou/report/top.html, 2016.8.15.
23) 岡本満喜子：輸送分野における組織の安全文化構築に向けて, p.293, 日本信頼性学会誌「信頼」, Vol.34. No5 2012.
24) 岡本満喜子：輸送分野における組織の安全文化構築に向けて, p.297, 日本信頼性学会誌「信頼」, Vol.34. No5 2012.
25) 小原朋尚・古荘雅生・藤本昌志・渕　真輝：内航海運業界の運輸安全マネジメント指針, p172, 日本航海学会論文集, Vol.124. 2011.
26) 一般社団法人　全国漁業就業者確保育成センター　http://shuugyousha.org/pdf/anzen/annnai2014.pdf, 2016.8.15.

索　引

《著者紹介》

久宗周二（ひさむね・しゅうじ）

　1964 年横浜市生まれ。高崎経済大学経済学部卒業，日本大学大学院生産工学研究科博士前期課程修了，北海道大学博士（水産科学）取得，海上労働科学研究所主任研究員，八戸大学准教授，高崎経済大学経済学部教授を経て，現在，神奈川大学工学部経営工学科教授（人間工学，環境マネジメント，労働安全衛生），東京女子医科大学看護学部兼任講師，独協医科大学看護学部兼任講師。

　国土交通省船内労働マネジメントシステム検討会座長代理（2008 年），水産庁ライフジャケット着用推進ガイドライン研究会座長（2008 年），群馬県貨物自動車運送適正化事業実施機関評議委員会委員長（2008 年），八戸市障害者計画策定委員会委員長（2005 年）。国土交通省交通政策審議会海事分科会船員部会臨時委員（2012 年）。

〈主要著書〉
2003 年『海で働く人の改善活動ガイド―船員労働災害の分析と対策―』（高文堂出版社）
2006 年『船員の健康作り』（共著）（高文堂出版社）
2007 年『実践　産業・組織心理学』（共著）（創成社）
2008 年『漁撈技術の評価と労働災害』（ヤマカ出版）
2008 年『実践　よくわかるバリアフリー』（ヤマカ出版）
2011 年『実践　参加型自主改善活動』（創成社）
2012 年『マンガでわかる　街角の行動観察』（創成社）
2015 年『自主改善活動のすすめ』（創成社）

（検印省略）

2019 年 5 月 20 日　初版発行　　　　　　　　　略称 ― 健康職場

元気な健康職場づくりヒント集
―安全で，健康な会社をつくるために―

著　者	久 宗 周 二	
発行者	塚 田 尚 寛	

発行所　東京都文京区　　　**株式会社　創 成 社**
　　　　春日 2-13-1

電　話 03（3868）3867　　FAX 03（5802）6802
出版部 03（3868）3857　　FAX 03（5802）6801
http://www.books-sosei.com　振替 00150-9-191261

定価はカバーに表示してあります。

©2019 Shuji Hisamune　　　組版：トミ・アート　印刷：エーヴィスシステムズ
ISBN978-4-7944-2546-1 C3034　　製本：宮製本所
Printed in Japan　　　　　　落丁・乱丁本はお取り替えいたします。